KB205456

나는 한국교회를 다닙니다

나는 한국교회를 다닙니다

초판 1쇄 인쇄 2022년 2월 17일
초판 1쇄 발행 2022년 2월 23일

지은이 최영훈
펴낸이 유동휘
펴낸곳 SFC출판부
등록 제104-95-65000
주소 (06593) 서울특별시 시초구 고무래로 10-5 2층 SFC출판부
Tel (02)596-8493
Fax 0505-300-5437
홈페이지 www.sfcbooks.com
이메일 sfcbooks@sfcbooks.com
기획·편집 최성욱
디자인편집 최건호
ISBN 979-11-87942-62-7 (03230)
값 16,000원

나는 한국교회를 다닙니다

최영훈 지음

SFC

목차

추천의 글 _ 7
책을 펴면서 _ 9

Chapter 1. 2대1 인생

한국교회는 많이 아픕니다 _ 20
하나님나라 진행표 _ 29
현재적 하나님나라 사람들 _ 36
현상은 긴장상태, 본질은 평강상태 _ 42

Chapter 2. 세상나라 vs 하나님나라

세상나라의 시작 _ 57
하나님으로만 만족하는 자들 _ 63
세상나라 가치관에 물든 한국교회 _ 71

Chapter 3. 성도들이여 비교하지 말라

불공평한 세상나라 _ 89
달란트의식으로 비교의식에서 자유하라 _ 96
환경의 달란트의식(지금의 삶을 의미 있게 하는 달란트의식) _ 112

Chapter 4. 진짜 상급 가짜 상급

성경은 하나님나라다 _ 127

천국과 하나님나라 _ 130

진짜 왕이 오셨다 _ 135

왜 신앙생활을 열심히 하죠? _ 145

현재적 하나님나라에서 받는 보상(상급) _ 146

미래적 하나님나라에서 받을 상급 _ 157

Chapter 5. 신앙의 함정

죄의식에 빠진 왕의 자녀들 _ 177

죄의식 벗기 1 _ 181

죄의식 벗기 2 _ 196

Chapter 6. 미션 파서블

미션 임파서블 _ 209

성령안에서 자유하라(율법을 지키는 '방법') _ 213

'형제 사랑'으로 자유하라(율법을 지키는 '기준') _ 216

미션 파서블 _ 227

Chapter 7. 두 얼굴의 성도들

이원론의 뿌리 _ 247

이원론적인 삶의 현상들 _ 256

일원론적 삶 _ 272

독자 후기 _ 281

한국교회를 다니면서 속앓이하며 질문조차 하지 못했던 많은 문제들이 있었는데, 거침없이 속 시원하게 그 해답을 제시한 책을 만났습니다. 책을 읽어나가는 동안에는 한국교회를 마치 수술대 위에 누이고 칼을 대는 것처럼 아파오겠지만, 마지막 페이지까지 진지하게 읽는다면 하나님나라 백성들이 누리는 한없는 자유와 기쁨을 경험할 것입니다. 이 책은 어려운 문제들을 저자의 쉽고 일상적인 삶의 이야기로 풀어내기에 신나게 읽을 수 있습니다.

윤치영 목사_킹덤 얼라이언스 대표, 『살려내심』 저자, 국제 KOSTA 강사

본서는 성도들의 신앙생활의 성숙을 위해 알아야 할 중요한 내용들을 성경의 중심주제인 하나님나라의 관점에서 쉽고 재미있게 설명합니다. 한 사람의 목회자이자 신앙인으로서 하나님의 말씀대로 바르게 살고자 노력한 저자의 삶의 이야기들이 재치 있고 유려한 필치로 잘 묘사되어 있습니다.

문화랑 교수_고려신학대학원 예배학, 『미래 교회교육 지도 그리기』 저자

자신이 하나님의 나라 안에 있음을 깨닫는 순간, 우리들의 신앙에는 혁명적인 변화가 일어납니다. 이 책은 하나님나라에 속한 사람에게 일어나는 위대한 역사들을 일상의 언어로 상세하게 소개하고 있습니다. 이 책은 무기력한 명목상의 신앙이 아니라, 강력한 능력의 신앙생활을 원하시는 모든 분들에게 꼭 필요한 네비게이션이 될 것을 확신합니다.

김현철 목사_행복나눔교회 담임, 『메타버스 교회학교』 저자

"왜 교회 안에는 내가 닮고 싶은 사람이 없을까?"
"왜 교회 안에서는 근사한 사람, 본받고 싶은 사람, 함께하고 싶은
사람을 찾아보기가 힘들까?"

이것은 청소년 시절부터 저의 마음 한구석에 늘 머물며 결코 떠나
지 않는 질문이었습니다. '어찌 그렇게 많은 예배를 드리고, 말씀을 듣
고, 기도를 한다고 하면서도 살아가는 모습은 늘 그대로인가?' 하는 의
구심이었습니다. 이는 제 자신에게 던진 절실한 물음이었고, 동시에
한국교회 성도들을 바라보며 고민에 빠질 수밖에 없었던 혼란스런 문
제들이었습니다.

교회에서 사람이 변화되면, 그것이 놀라운 이슈가 되는 요즘입니
다. 참으로 이상하지 않습니까? 교회를 다니고 신앙생활을 하면 사람
이 바뀌리라는 기대를 갖는 게 자연스런 일입니다. 그리고 변화가 일
어나는 것, 그게 정상입니다. 마땅히 그러해야 합니다. 하지만 언제부
터인가 교회에 다녀도 변화되지 않는 것이 자연스러워졌고, 변화가 일
어나면 되레 신기한 일로 여기는 아이러니한 상황이 되어 버렸습니다.
이처럼 변화 없는 성도가 모인 교회이니, 세상의 빛과 소금이라는 본
연의 역할을 감당하지 못하는 게 당연합니다.

지금 한국교회 성도들의 삶의 양상을 살펴볼 때, 대략 세 가지 유형으로 분류할 수 있습니다.

첫째, 기복주의성공주의 **교인입니다.** 이들은 복 받기 위해 교회를 다니는 사람들입니다. 하나님을 그저 복 주시는 '복 자판기' 정도로 여깁니다.

둘째, 율법주의바리새주의 **교인입니다.** 이런 교인이 많은 교회는 소위 '쟁이'들이 판을 치는 곳이 됩니다. 이런 사람들에게서는 신앙생활에서 자신의 성품과 삶의 성숙은 전혀 볼 수 없고, 교회 안에서만 통용되는 종교행위에 익숙해진 모습만 보입니다.

셋째, 갈등하는긴장하는 **교인입니다.** 이들은 '쟁이'도 아니고, 세상 복만을 바라는 자도 아닙니다. 나름 하나님과 인격적인 만남도 있었고, 하나님의 뜻대로 살고자 결단도 하는 분들입니다. 그런데 이들은 교회 안에서 풍성한 은혜를 받지 못한 채 자주 상처받고, 세상에서는 그리스도인답게 살려 하지만 늘 실패하고 좌절합니다. 하여, 깊은 상실감과 쓰라린 정죄감에 잡혀 있고, 항상 무언가를 갈급해 합니다.

어떻게 보면, 이 책은 세 번째 성도들에게 필요합니다. 갈등하는 한국교회 성도들에게 분명하고 확실한 신앙의 해답이 되길 바라는 간절한 마음 담아 쓴 까닭입니다.

저는 목사 가정에서 자랐습니다. 그래서 교회는 저에게 예배드리는 장소일 뿐 아니라, 놀이터이고 공부방이었습니다. 교회라는 공간은 제 삶의 전부였다고 해도 과언이 아닙니다. 그런 중 청소년 때 참석한 수련회에서 하나님을 만나 구원을 받았습니다. 하지만 구원을 받은 후에도 도통 변하지 않는 저의 모습으로 인해 정죄감에 시달렸습니다. 교회 안팎의 생활이 서로 다른 이중적인 모습에 항상 실망한 삶이었습니다. 명목상의 신앙생활은 이어졌지만, 세상에서 빛과 소금이 되지 못하는 저의 한계 때문에 갈등하는 삶이었습니다. 그러는 중에 목사의 꿈을 품고서 신학대학원에 진학했고, 사역자로서 교회 사역을 하였습니다. 선교단체에 10년간 몸담고서 간사생활도 했고, 외국에서 몇 년 동안 선교사로도 섬겼습니다. 나름 사역에서 은혜도, 부흥도, 기적도 맛보았습니다. 그러나 현실의 삶에서 그리스도인으로서 풀리지 않는 많은 의문점과 문제가 여전히 존재했고, 그것이 제 자신을 힘들게 했습니다. 앞서 말했듯이, 저는 세 번째 부류의 갈등하는 교인으로 오랫동안 살았던 것입니다.

그러던 중 어느 날, 저는 '하나님나라'라는 개념을 통해 성경적인 눈이 열리는 은혜를 받았습니다. 하나님나라가 성경의 전체 주제이고 핵심이라는 사실을 알게 되었고, 하나님나라로 인해 새로운 차원의 삶을 살게 되었습니다. **저를 괴롭혔던 신앙의 고민과 문제, 그리고 신앙생활의 여러 원리들이 하나님나라로 인해 자연스럽게 해결되면서 '아! 이것이 문제였구나!', '아! 신앙생활은 이런 것이구나!' 하는 깨달음을 얻게 되었습니다. 그러면서 제가 안고 있었던 근본적인 신앙의 문제가 뿌리째 뽑혔습니다.** 물론 지금도 세상을 사는 가운데 계속적인 갈등, 고난, 어려움은 있습니다. 이런 문제들이 없다면 이 세상 사람이 아닐 것입니다. 하지만 알지 못해서 혼란 가운데 겪는 신앙의 근본적인 갈등은 더 이상 없게 되었습니다. **제 삶에서 하나님나라를 알기 전**

과 알고 난 후의 갈등은 전혀 다른 차원이 되었습니다.

그러면서 저는 깨달은 하나님나라를 지인들에게 나누기 시작했습니다. 저의 오랜 제자 청년에게 하나님나라를 잠깐 나누었습니다. "목사님! 너무 좋습니다. 너무 편해요. 이제 살 것 같아요!" 이런 고백과 함께 그 청년이 자유하는 것을 보았습니다. 그 이후로 많은 성도들과 함께 하나님나라를 주제로 삼은 수련회를 갖고 제자훈련에도 열중하였습니다. 그랬더니 그들 또한 똑같은 모습의 반응을 보였습니다.

그때 저는 알았습니다. '나에게만 이런 일이 일어나는 것이 아니구나! 한국교회 성도라면 모두가 이 고민을 하고 있었고, 모두에게 하나님나라가 필요한 것이었구나!', 이 사실을 분명하게 깨달았습니다.

그때부터 하나님나라를 가르칠 적절한 도구로써 책을 쓰고자 하였습니다. 이 책은, 어떤 식으로든, 하나님나라에 대한 관심을 갖게 할 것입니다. 더 나아가, 지금 한국교회에 산재해 있는 고질적인 신앙의 문제를 해결하는 적실한 도구로 쓰이게 되리라 기대합니다.

이 책에는 소소한 예화가 많은 편입니다. 그리고 저의 개인적인 이야기도 자주 나옵니다. 그 이유는 성도들이 훈련을 받을 때에 복잡하고 어려운 설명보다는 주위에서 실제로 볼 수 있는 사건으로 설명하면 더욱 쉽게 이해하고 적용하는 것을 보았기 때문입니다.

이 책은 이미 앞서 하나님나라에 대한 연구를 한 많은 신학자들과 목회자들의 책과 강의를 참고하였습니다. 그분들에게 진심으로 감사한 마음을 표합니다.

저의 간절한 바람은, 이 책이 하나님나라의 복음으로 말미암은 성도의 변화를 갈망하는 모든 교회에서 제자훈련을 위한 교재로 사용되었으면 하는 것입니다. 더해서, 여전히 갈등하는 그리스도인으로 하루하루를 고군분투하며 힘겹게 살아가는 성도들에게 친절한 동반자 같은 길 안내서로 읽히기를 바랍니다. 아무쪼록 기도하고, 심혈을 기울이고, 다듬어 내어놓는 이 책을 통해 이 땅이 하나님나라가 되고, 한국 교회가 새롭게 되며, 성도의 삶에 자유와 기쁨이 넘치는 영적 부흥의 역사가 일어나기를 소망합니다.

최영훈

"우리가 나이 드는 것은
하나님나라를 위해 익어가는 것이다."

존 파이퍼

Chapter 1

2대1 인생

한국교회는 많이 아픕니다

당신은 지금 몇 번째 성도입니까?

하나님나라 진행표

1. 시작된 하나님나라

2. 무너진 하나님나라

3. 언약된 하나님나라

4. 현재적 하나님나라

5. 미래적 하나님나라

현재적 하나님나라 사람들

긴장상태인 현재적 하나님나라 사람들

긴장상태에 있는 이유

현상은 긴장상태, 본질은 평강상태

완성된 구원이 주는 평강

상황을 분석하는 능력

성숙과 열매를 위한 갈등

손양원 목사님을 아실 겁니다. 『사랑의 원자탄』이라는 책으로 온 세계의 기독인뿐만 아니라, 심지어 불신자들에게도 감동을 주는 분이십니다. 저 또한 우리 민족 중에 이런 훌륭한 믿음의 선배가 있다는 것에 감사하고 뿌듯해하고 있습니다.

여기서 잠깐 손 목사님의 숨은 이야기를 하고자 합니다. 이 이야기는 손 목사님과 동시대에 함께 사셨고, 그분을 간접적으로 알고 계셨던 은퇴 목사님으로부터 제가 직접 들은 것입니다.

손양원 목사님의 호는 '산돌'입니다. 참 좋은 호입니다. 살아계신 돌, 즉 예수 그리스도를 상징하는 것이고, 손 목사님도 자신이 주님을 닮아가고자 하는 마음으로 그렇게 지었을 것이라고 다들 생각합니다. 그런데 실은 그것이 아니었다고 합니다. 그 당시 손양원 목사님이 전도사 시절에 그렇게 사모님과 부부싸움을 심하게 했다고 합니다. 부부싸움을 한 다음 날이면 사모님 눈이 시퍼렇게 멍이 들었을 때도 있었다고 합니다. 말로만 싸운 것이 아니라 육탄전을 했던 것입니다. 부부싸움도 얼마나 밥 먹듯 했는지 그 교회 성도님들뿐만 아니라 이웃들도 다 알고 있을 정도였다고 합니다.

그런데 손 목사님 부부는 싸움이 끝이 나면 화해하신다며 항상 근처의 산을 올랐다고 합니다. 그럼 사람들이 '오늘도 전도사님 부부 한바탕하셨구먼.' 그렇게 생각했다고 합니다. **그래서 사람들이 손양원 전도사님의 그런 모습을 보고, 부부싸움만 하면 '산'에 '돌'아다닌다고 해서 '산돌'이라고 불렀다는 것입니다.** 그리고 손 목사님이 전도사 시절에는 성질이 너무 급하고 과격해서 다른 교회에서 청빙을 받지 못해 아무도 가지 않는 소록도의 나병환자촌, 애양원교회에 담임으로 가게 되었다는 말이 있을 정도였다고 합니다.

그러나 손 목사님의 급한 성격과 과격한 기질이 나환자들과 동고동락하면서, 그리고 신사참배 반대로 그 힘든 감옥 생활을 오랫동안 하게 되면서 점점 바뀌게 된 것입니다. 그는 감옥 생활과 나환자 성도들로 인해서 하나님의 본질적인 십자가의 은혜에 사로잡히게 되었고, 신앙의 깊이가 점점 더해지면서 정말 위대한 일, 곧 자기 두 아들을 죽인 그 살인자를 양아들로 삼게 되는 사랑의 극치를 보여 주었습니다.

이것을 보면, 우리가 믿는 기독교의 파워를 볼 수가 있습니다.

싸움꾼 산돌이 하나님을 닮은 사랑의 원자탄으로 변한 것입니다. 그는 성경이 그토록 강조하는 용서와 사랑의 하나님의 성품을 꼭 닮은 사람으로 변한 것입니다.

여러분!

손양원 목사님과 같은 성도가 우리 이웃에 있고 이런 교회가 우리 지역에 있다면, 한국교회는 초대교회 성도들처럼 세상으로부터 칭송을 받았을 겁니다. 그러나 지금 한국교회 현실은 그렇지 못한 실정입니다. 교회는 사랑보다는 세력을 가지려 하고, 성도는 십자가를 지기보다는 세상의 복을 취하기 위해 신앙생활을 하는 것처럼 보입니다. 그러니 세상으로부터 핍박이 아니라 조롱을 당하고 있습니다.

그렇다면, 우리가 실천해 왔던 그 긴 세월의 신앙생활과 예배와 훈련의 효과는 어디로 간 것일까요? 왜 그렇게 존경하고 따르고 싶은 성숙한 성도들을 교회에서는 찾아보기 힘든 걸까요?

그 이유는 우리 한국교회 성도들의 신앙의 방향이 잘못되었기 때문입니다. 열심히 신앙생활을 하고 최선을 다해 봉사는 하였지만, 정작 하나님께서 원하시는 방향으로 하지 않았던 겁니다. 그러니 그 모든 것이 우리 자신을 자라게 하고, 공동체를 세우고, 세상을 바꾸는 데 제대로 사용되지 못했던 것입니다.

그렇다면, **바른 신앙의 방향은 무엇입니까? 성경은 바로 '하나님나라'라고 말하고 있습니다.**

한국교회는 많이 아픕니다

당신은 지금 몇 번째 성도입니까?

신앙생활을 하고 있는 대부분의 성도는 3가지로 분류하여 볼 수 있습니다. 그것은 기복주의 성도, 율법주의 성도, 갈등하는 성도입니다. 그렇다면 지금 여러분은 몇 번째 성도인지 확인하면서 읽어보시길 바랍니다.

첫 번째, 기복주의에 빠진 그리스도인의 모습_{현대판 이스라엘}

성경은 하나님께서 왕이시고 성도는 그분을 섬기는 백성이라고 가르칩니다. 그런데 이 단순하고 확고한 진리가 뒤바뀐 성도가 많습니다. 이런 성도는 자기 자신을 주인의 자리에 올려놓고, 하나님을 자기의 필요를 채워주는 '도우미' 정도로 취급합니다. 하지만 많은 성도들이 이 주종의 뒤바뀜 현상을 인지하지도 못한 채 교회를 다니고 있습니다.

네 조상의 하나님 여호와께서 네게 주셔서 차지하게 하신 땅에서 너희가 평생에 지켜 행할 규례와 법도는 이러하니라 너희가 쫓아낼 민족들이 그들의 신들을 섬기는 곳은 높은 산이든지 작은 산이든지 푸른 나무 아래든지를 막론하고 그 모든 곳을 너희가 마땅히 파멸하며 그 제단을 헐며 주상을 깨뜨리며 아세라 상을 불사르고 또 그 조각한 신상들을 찍어 그 이름을 그 곳에서 멸하라 너희의 하나님 여호와께는 너희가 **그처럼** 행하지 말고 …… 거기 곧 너희의 하나님 여호와 앞에서 먹고 너희의 하나님 여호와께서 너희의 손으로 수고한 일에 복 주심으로 말미암아 너희와 너희의 가족이 즐거워할지니라 신12:1~7

"그처럼 행하지 말고"라는 말씀은 가나안 족속이 그들의 우상을 섬기는 것처럼 하나님을 섬기지 말라는 의미입니다. 그렇다면 가나안 족속들이 우상을 섬긴다는 것은 어떤 뜻일까요? 가나안 족속들이 섬기는 대표적인 신은 바알입니다. 바알은 그들에게 풍년을 가져다주는 신입니다.

가나안 사람들이 바알을 대하는 태도는 이러합니다. 그들은 자기들이 바알에게 제사를 드리면, 그 제사를 받은 바알이 제때 비를 주고, 제때에 태양도 비춰 주고, 제때 좋은 날도 허락한다고 여겼습니다. 그래서 그들은 '알아서 재물을 바칠 테니까 제발 심술은 부리지 마시고, 꼭 올해 풍년을 허락해 주십시오.' 하고 바알을 숭배합니다. **가나안의 우상숭배는 이런 형태입니다. 그래서 자신들의 목적은 풍년이고, 바알은 그 풍년을 도와줄 신일 뿐입니다.**

이렇듯 우상이란, 우리가 섬기는 대상이 아니라 현실의 삶의 필요를 채우기 위해 도와주는 존재일 뿐입니다. 석가모니, 마호메트, 공자를 비롯한 온갖 숭배 받는 잡신들이 우상입니다. **나아가 우상숭배란, 결국 인간이 자신의 목적을 정한 후 그것을 이룰 조건으로 자신들의 신이 원하리라 상상한 것을 행하는 것입니다.** 그래서 자신의 돈, 지위, 노력, 치성, 수련을 행하거나 갖다 바치면, 우상은 그것을 받고 기대하는 목적을 이루도록 도와준다고 사람들은 생각합니다. 그러하기에, 우상은 인간의 삶에 있어서 때를 따라 부분적으로만 필요하지 그때 외에는 필요가 없는 존재입니다. **그래서 우상을 섬기는 사람은 자신이 주인이 되고, 그 우상은 '힘 있고 능력 있는 종'이 되는 셈입니다.**

실상 하나님을 믿는 것과 다른 종교를 믿는 것은 완전히 다른 차원입니다. 그런데 지금 한국교회 성도들은 하나님을 우상처럼 섬기고 있습니다. 이런 식으로 하나님을 섬기는 것이 기복주의 신앙이며 성공주의 신앙입니다. **기복주의 교인들은 자기의 목적에 필요한 복을 받기 위해 교회를 다니는 사람입니다.** 하나님을 단지 복 주시는 '복 자판기'로 여기는 것입니다. 그래서 헌금을 복 자판기에 넣으면, 그것이 뻥튀기가 되어서 더 많은 물질의 복으로 자기에게 돌아온다고 여깁니다. 이런 이유로 기도도, 봉사도, 헌금도, 전도도 다 복을 받기 위한 도구로 여깁니다.

예를 들면, 십일조가 그렇습니다. 수입의 십분의 일을 바쳤으니 나머지 돈은 내 마음대로 쓰도록 하나님 당신은 간섭하지 말라는 겁니다. 더해서 더 많은 물질로 되돌려 달라는 것입니다. 매사에 이런 식입니다. 주일에 예배를 드려주었으니, 이번 주에도 내 자식 사고 안 나도록 해 달라는 것입니다. 봉사했으니, 내 기업에 '이상무!'를 유지시켜 달라는 것입니다. 하나님께서 제일 좋아하시는 전도까지 했으니, 한일 년 정도는 만사형통하게 해 달라는 것입니다.

언제부터인지 알 수 없으나, 한국교인들은 하나님을 취업의 신, 재물의 신, 결혼의 신, 승진의 신, 합격의 신, 무사고의 신, 건강의 신으로 둔갑시켰습니다. 하나님께서 주인의 자리에서 끌려 내려와 우리 인생의 뒤치다꺼리하는 존재가 되어 있습니다. **인생의 '주인'은 나이고, 하나님은 나를 도와줄 '종'이 되는 것입니다.**

어느 아들이 이번 기말고사에서 전교 1등을 했습니다. 그래서 그 아들이 아버지에게 당돌하게도 이렇게 요구합니다. "아빠! 1등 했으니까 이번 학기 동안은 외박을 해도 눈감아 주세요. 그리고 담배를 피워도 못 본 척 해 주시고, 밥 대신 세끼 전부 다 내가 좋아하는 패스트푸드 음식을 먹어도 잔소리는 하지 마세요! 1등이면 이 정도는 내 마음대로 할 수 있죠?"

아들이 정말 이렇게 말했다고 해 봅시다. 그럼, 그 아버지가 "그래! 네가 1등 했으니 그렇게 해라!", 이렇게 반응하겠습니까? 만약 그렇다면, 그는 아버지가 아닐 것입니다. 그리고 아들이 정말 저처럼 말한다면, 그는 아버지의 마음을 전혀 모르는 것입니다. 아들의 요구는 결코 말이 안 되는 소리입니다. 하지만 이런 일들이 교회에서, 교인들의 신앙생활 속에서 버젓이 일어나고 있으니 문제입니다. 이런 신앙은 우상을 숭배하는 것과 매한가지입니다. 하나님께 내가 뭘 해 드렸으니까 내 삶에는 참견하지 말고, 단지 나의 필요만 채워주면 된다는 식입니다. 이것이 기복주의에 빠진 교인들의 모습입니다.

두 번째, 율법주의에 빠진 그리스도인의 모습현대판 바리새인

성도는 하나님을 왕으로 모시고 그분의 통치를 받음으로 하나님나라 사람다워지는 데 목적을 둡니다. 그래서 하나님나라 사람들은 날마다 하나님을 닮아가야 되고, 거룩하기 위해 힘써야 하며, 하나님의 영광을 위해 살아야 합니다.

하나님의 말씀과 기도로 거룩하여짐이라딤전4:5

하나님나라 사람으로 거룩해지는 가장 중요한 통로는 말씀과 기도입니다. 그런데 한국교회는 지금 이상한 모습으로 바뀌어가고 있습니다. **기도와 말씀이 거룩을 위한 수단이 아니라 마치 그것이 목적인 것처럼 바뀌고 있습니다.** 그 결과 성도에게 있어서 기도와 말씀은 자신의 자랑이 되어 버렸습니다. 그래서 기도와 말씀을 통해, 또 봉사와 전도를 통해서 자신이 얼마만큼 주님 닮은 자로 변화되었느냐 하는 것에는 별 관심이 없습니다. 그저 다들 교회에서 하는 종교행위에만 익숙한 '쟁이'들로 바뀌어가고 있습니다. 그러니, **신앙생활을 하면서 자신의 성품과 삶의 성숙을 이루는 성도는 희귀해져 가고, 예배당 안에서만 통용되는 종교행위에 익숙해진 '종교쟁이'들이 북적거리는 교회가되었습니다.**

그 결과 이런 현상까지 생겨나게 되었습니다. 기도쟁이, 큐티쟁이, 봉사쟁이, 전도쟁이……. 이런 '쟁이 교인'들이 자신의 종교행위를 가지고 교회에서 판단의 칼을 들고 다닙니다. "자매님! 오늘 기도했어요? 몇 시간 했어요?" "오늘 큐티했어요? 이번 주는 몇 번 빠졌어요?" "일 년에 성경 1독 안하고 어떻게 살아요!" 혹 이런 기도쟁이가 금식기도까지 했다면 그때는 교회에서 안하무인이 됩니다. 자기 눈에는 금식하지 않는 목사까지도 하나님께서 세우신 것으로 인정하기 힘들 테니까요. 이런 성도는 성경 많이 읽은 날에는 누가 물어보았으면 하고 이리저리 기웃거리고, 어느 날 큐티나 새벽기도를 했다면 그날 하루 밀렸던 숙제를 다한 것처럼 뿌듯한 느낌을 갖습니다.

어떤 성도는 이런 '쟁이 교인'들 때문에 그 반발심으로 도리어 기도와 성경읽기, 교회봉사를 하지 않는다고도 합니다. 그들에게 있어서 쟁이들은 교회 일은 열심이지만 인격적으로는 전혀 닮고 싶지 않은 사람들이기 때문입니다. **지금 교회 안에서는 이 쟁이들 때문에 너무 소중한 말씀, 기도, 봉사, 전도가 싸구려로 취급받고 있습니다.**

우리가 음식을 먹는 이유는 그것의 섭취를 통해 얻게 되는 에너지로 활동하기 위함입니다. 일을 하고, 운동도 하고, 취미생활도 즐기기 위해서입니다. 그런데 마치 멀쩡한 어른이 직장에서 일은 하지 않고, "나 오늘 밥 두 그릇 먹었어!" "오늘 나 통닭도 먹었어!", 이렇게 자랑하듯 돌아다닌다면 사람들이 어떻게 보겠습니까? 얼마나 우스운 일입니까?

말씀과 기도는 영의 양식입니다. 그런데 그 양식을 먹고 돌아다니면서 자신이 먹은 밥그릇을 자랑하고 있다면, 그건 너무나 미성숙한 행동일 뿐입니다. 그런데 수단인 말씀과 기도가 목적이 되어버린 그리스도인들이 교회에서 이런 행동을 하고 있습니다. 음식, 중요합니다. 당연히 먹어야 됩니다. 하지만 먹는다는 것 그 자체가 자랑이 될 수는 없습니다.

더 큰 문제는, 이런 성도들이 익숙한 종교행위 때문에 때론 집사로, 권사로, 장로로, 목사로, 그리고 교회 지도자로서 자리를 차지하고 있다는 것입니다. 그래서 거룩과 성숙을 모르는 종교행위에 익숙한 지도자들이 교회를 어지럽히고, 문제를 일으키고, 교만에 빠져 교회를 힘들게 하고 있습니다. 교회의 문제는 새신자가 아니라 이런 종교쟁이들이 더 많이 일으킵니다.

세 번째, 갈등하는 그리스도인의 모습

하나님과의 인격적인 만남 후에도 자신의 삶 속에서 여전히 갈등하며 사는 성도의 모습이 있습니다. 소위 갈등하는 그리스도인입니다. 이들은 하나님을 세상의 복을 안겨다주는 도구로 생각하지도 않습니다. 또한, '종교쟁이'도 아닙니다.

갈등하는 그리스도인의 특징은 주님을 사모하고 하나님의 뜻대로 살고자 결단하는 성도들이라는 것입니다. 이들은 세상 가운데서 그리스도인으로 살고자 합니다. **하지만 늘 실패로 좌절을 맛보며, 교회에서조차 이런 좌절감을 해결하지 못하고 있습니다.** 항상 정죄감에 잡혀 있으며, 무언가를 갈급해 합니다. '시간이 지나면 해결되겠지?' '시간이 지나면 다른 삶을 살 수 있겠지?' '성령님께서 한번 강하게 임하면 나도 달라지겠지?' 이런 막연한 기대감을 가지고 하루하루를 버텨 나가고 있습니다. 하지만 이들은 늘 자신에게 실망하고, 하나님께 죄송하고, 남들에게 상처를 주고받습니다. 또한 세상에서 빛과 소금의 사명을 실천하는 흉내는 내려고 하지만, 정작 열매는 없습니다. 그래서 그냥 내가 믿는 예수님의 이름을 욕 먹이지 않는 정도면 만족하는 실정입니다. 그렇기 때문에 이들의 신앙생활에서 갈등과 고민이 언제나 끊이지 않습니다.

이렇게 갈등하는 성도들은 교회에서는 천사처럼 남에게도 잘하고, 봉사도 잘하고, 밝게 삽니다. 그러다가도 집에만 가면, 학교에만 가면, 직장에 가기만 하면 이상하게도 불신자보다 더 불신자같이 변하는 자신의 모습을 보게 됩니다. **교회와 세상의 생활이 전혀 다른 이원론적인 삶을 삽니다.** 그러면서 이런 이중적인 자신의 모습에서 헤어나지 못해 죄의식 속에서 괴로워합니다. **이러한 자신을 보면서 스스로 '난 이중인격자다! 거짓되다! 가증스럽다!'라며 정죄감과 죄책감에 허덕입니다.**

그리고 스스로 <u>그리스도인이라고 하면서도</u> **세상의 열등감과 우월감의 잣대에서 벗어나지 못함을 볼 수 있습니다.** 세상에 살면서 더 많은 돈, 더 높은 지위, 더 큰 명예를 가지고 싶지만, 현실상 이루지 못하는 자신의 모습을 보며 힘이 빠지는 성도들을 볼 수 있습니다. 아무리 최선을 다해 열심을 내고 노력을 해도 이루지 못하는 자신을 보면서 열등감에서 벗어나지 못하는 것입니다.

그런데 심지어 교회에서도 이런 이상한 열등감을 만들어내는 상황입니다. 경쟁을 붙이는 것이지요. 교회 안에서도 1등을 외치고, 합격을 외치고, 높은 것이나 큰 것만 취하라고 몰아붙입니다. 또 그 사람의 세상적 위치를 따져 서로 차별하며 구분 짓습니다. 그러니 성도에게 주어져야 할 평강은 어디론가 사라지고, 매일 매 순간은 초조와 염려와 갈등의 순간이 되어 버립니다.

이러한 여러 문제를 가지고 있는 환경에서 성도들은 하나님의 뜻을 어떻게 해석하고 반응해야 하며, 또 믿음을 어떻게 지켜야 될지 모르는 가운데 오늘도 갈등하고 있습니다. 그러나 **분명한 것은, '하나님 나라'가 갈등 속에 살아가는 성도들에게 능력과 성숙과 자유를 준다는 사실입니다. 왕으로 오신 주님의 다스림이 믿음으로 사는 우리에게 자족과 평강과 기쁨을 맛보게 할 것입니다.**

하나님나라 진행표

하나님께서는 영원이라는 신적인 시간성 속에서 말씀으로 이 땅에 하나님나라를 이루셨습니다. 말씀으로 창조된 최초의 하나님나라는 그분의 것으로 만들어졌습니다. 그렇기에 모든 만물이 그로부터 나왔고, 그 만물 속에 그분의 형상이 내재되어 있었습니다. **창조로 인해 영원 속에서 시공간이라는 것이 생겨 그곳에 하나님나라가 건설되었고, 그 나라의 첫 인류인 아담과 하와가 모든 만물을 다스리게 되었습니다.**

<하나님나라 진행표>

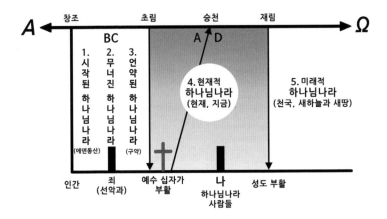

1. 시작된 하나님나라 창세기 1, 2장

영원에서부터 창조사역을 통해 만들어진 에덴동산에서 하나님나라가 시작되었습니다. 에덴동산은 하나님의 통치가 충만한 곳이며, 아담과 하와는 창조주 하나님의 다스림에 순종하며 하나님나라를 누렸습니다. 그들은 왕이신 하나님의 통치에 온전히 순종함으로 모든 것이 복되고, 자유하며, 참 기쁨과 행복한 삶을 누렸습니다. 그런 하나님나라에서 자연만물 역시도 최초의 인류, 곧 아담과 하와의 다스림을 통해 모든 좋은 혜택을 받고 누렸습니다.

다시 말해서, 하나님나라의 원형인 에덴동산은 하나님의 온전한 통치가 이루어지는 곳이기에 바른 다스림이 있고창1:28, **참 좋은 곳이며**창1:31, **참 안식이 있는 곳입니다**창2:3.

2. 무너진 하나님나라 창세기 3장

에덴동산은 하나님께서 주인 되시고, 하나님의 통치가 완전히 이루어진 나라였습니다. 그런 하나님나라에 죄가 태동하게 됩니다. 선악을 알게 하는 나무의 실과를 먹음으로 하나님나라 사람인 아담과 하와는 하나님의 통치에 반역합니다. 이 반역은 하나님을 그들의 왕으로 모시지 않고 그들이 하나님의 자리에 있고자 하는 것입니다창3:6. 그 죄의 결과로 에덴동산에서 쫓겨나게 되고, 죽음을 피할 수 없게 되었습니다창3:24.

무너진 하나님나라에서는 바른 통치와 참 안식이 사라졌습니다. 죄로 인해 오염된 하나님나라는 사탄이 하나님의 자리를 차지하여 세상의 왕으로 인간들을 다스리게 되었습니다. 사탄은 죽음이라는 올무를 가지고 모든 인간을 종으로 삼았습니다. 인간의 불순종으로 죄가 들어왔고, 하나님나라는 죄로 오염되어 버렸습니다. 이런 원죄가 시작되어 만물도 저주를 받아창3:17~18 제 역할을 하지 못하게 되었고, 인간은 땀과 수고가 있어야만 열매를 먹게 되었습니다.

3. 언약된 하나님나라창세기 3장~구약

하나님께서는 죄로 인해 무너진 하나님나라를 보셨습니다. 그리고 조금의 주저함도 없이 하나님나라와 그 나라 사람의 회복을 약속하십니다창3:15. 이를 '원시복음'이라고 합니다. **원시복음은 예수 그리스도의 십자가 사건을 암시하는 것이자 새로운 하나님나라를 약속하는 것입니다.** 이 약속은 족장시대로부터 출애굽과 광야시대, 정복시대, 사사시대, 단일왕국과 분열왕국시대, 포로시대, 포로귀환시대에 이르기까지 모든 시대에 걸쳐서 일관되게 나타나고 있습니다. 이것은 하나님나라의 회복과 완성에 대한 하나님의 계획이었으며, 하나님의 유일한 관심사였습니다.

우리는 구약 내용 그 자체로 모든 것이 하나님나라를 꿈꾸고 있음

을 알 수 있습니다. 하지만 구약의 인물들은 현실적으로 하나님나라를 완전히 소유하지 못했습니다. 온전한 하나님나라를 잃어버린 이스라엘 백성은 왕이신 하나님의 통치가 아닌 인간의 통치에 의해 시달림을 받아 온 역사를 가지고 있습니다. 그들은 앗수르, 바벨론, 페르시아, 그리스, 로마와 같은 다섯 제국으로부터 유린당하면서 지내왔습니다. 그러나 그들은 제국들의 강압에 비참하게 짓밟히면서도 하나님나라에 대한 꿈을 포기할 수 없었습니다. 이것이 바로 구약입니다.

4. 현재적 하나님나라살고 있는 하나님나라

바리새인들이 하나님의 나라가 어느 때에 임하나이까 묻거늘 예수께서 대답하여 이르시되 하나님의 나라는 볼 수 있게 임하는 것이 아니요 또 여기 있다 저기 있다고도 못하리니 하나님의 나라는 너희 안에 있느니라눅17:20~21

예수님께서 육신의 몸을 입고 이 땅에 오셨습니다. **구약에 약속된 메시아가 이 땅에 오심으로 하나님나라가 임하게 되었습니다. 이제 예수님께서는 이 땅의 왕으로서 새 주권자, 새 통치자로 등극하셨습니다.** 약속된 예수님께서 이 땅에 오시기 전에는 어둠의 세상 주관자인 사탄이 주인 노릇을 하고 있었습니다. 사탄은 죄로 인해 오염된 나라에서 죄의 삯인 죽음병사망의 올무로 인류의 주인 행세를 하였습니다.

그런데 그 죽음병을 해결하신 분이 예수님이십니다. 예수님께서는 초림과 십자가 사건을 통해서 이 땅의 새로운 통치자가 되셨습니다.

하나님나라는 예수님께서 왕으로 오심으로 이미 임하였습니다. 이 땅이 하나님나라입니다. 그리고 그리스도인은 하나님의 통치를 받는 사람입니다. 그래서 현재적 하나님나라에 사는 사람은 '의인'으로 인정받게 되고, 그분의 능력과 권세를 가진 하나님의 자녀로 이 땅에서 살게 됩니다.

5. 미래적 하나님나라살게 될 하나님나라

하나님이 그들과 함께 계시리니 그들은 하나님의 백성이 되고 하나님은 친히 그들과 함께 계셔서 모든 눈물을 그 눈에서 닦아 주시니 다시는 사망이 없고 애통하는 것이나 곡하는 것이나 아픈 것이 다시 있지 아니하리니 처음 것들이 다 지나갔음이니라계21:3~4

부활 후 승천하신 예수님께서는 지금 하늘 보좌 우편에 계십니다. 그 예수님께서 이 땅에 다시 오시는 것을 '재림'이라고 합니다. 예수님께서 재림하시는 순간, 인간의 역사는 끝이 나게 되고 종말을 맞이하게 됩니다. 재림하신 예수님께서는 오실 메시아를 믿었던 구약시대의 사람들과 오신 메시아를 믿는 신약시대의 사람들을 함께 데리고 그분이 준비해 놓은 새하늘과 새땅에 이르게 하실 것입니다. 이 미래적 하나님나라는 우리가 죽으면 들어갈 나라입니다.

하나님의 통치권으로 다스려지는 현재적 하나님나라는 미래적 하나님나라가 될 때 완성된 상태가 됩니다. 그 **나라의 백성들은 완성된 구원의 상태에 이를 것이며, 그 결과 그곳에서는 하나님의 통치를 거부하는 일 없이 기쁨과 즐거움의 자발적인 순종이 이루어질 것입니다. 또한 그 백성들이 거하는 새하늘과 새땅은 하나님께서 처음 창조하셨던 상태를 완전히 회복할 뿐만 아니라, 그곳은 예수님께서 하나님의 뜻에 100% 순종하신 것처럼 우리도 그렇게 순종할 수 있게 되는 곳입니다.** 이러한 순종으로 만들어진 하나님나라의 사회도 그럴 것입니다.

지금 이 땅에서도 현재적 하나님나라 사람들이 하나님의 뜻에 순종하는 모습을 보일 때 참 귀하고 풍성한 열매를 맺게 되는데, 미래적 하나님나라에서 하나님께 100% 순종하는 모습은 얼마나 대단하며 황홀하겠습니까? 그리고 그런 사람들만이 모여서 서로를 위해 살아가는 삶은 어떠하겠습니까? **그곳에서는 이 세상에서 생겨나는 불안한 인간 사회의 모습이 존재하지 않을 뿐만 아니라, 하나님과 함께하는 새로운 천국문화와 역사가 펼쳐지게 될 것입니다.** 이러한 나라가 바로 미래에 완성될 하나님나라이며, 주님께서 우리에게 약속하신 것입니다.

<하나님나라 진행표>를 보면, 우리는 지금 현재적 하나님나라에 속하여 살고 있습니다. 그런데 어떤 이들은 하나님나라의 현재성에 너무 집착한 나머지, 미래에 이루어질 하나님나라의 천국사회를 기대하지 않고 그저 이 땅에서의 신앙과 삶에만 집착합니다. 그와 반대로, 하나님나라의 미래성에 너무 집착한 나머지, 이 땅에서 누려야 할 현재

적 하나님나라의 삶을 소홀히 대하는 경우도 있습니다. 이처럼 하나님나라를 편협하게 이해하는 자들은 하나님나라의 현재성과 미래성, 즉 하나님나라의 이중적 도래를 이해하지 못함으로써 신앙의 큰 유익을 놓치고 있습니다.

그래서 우리는 지금 이 땅에 왕으로 오신 주님의 백성에게 주어지는 수많은 혜택을 누리고 경험해야 합니다. 이와 동시에, 하나님께서 장차 완벽하게 다스리실 그 천국을 소망하며 바라보아야 합니다.

현재적 하나님나라 사람들

<현재적 하나님나라 사람들의 삶의 위치 표>

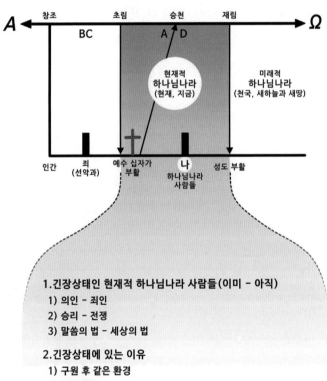

1.긴장상태인 현재적 하나님나라 사람들(이미 – 아직)
 1) 의인 – 죄인
 2) 승리 – 전쟁
 3) 말씀의 법 – 세상의 법

2.긴장상태에 있는 이유
 1) 구원 후 같은 환경
 2) 사탄 활동
 3) 가치관 충돌

긴장상태인 현재적 하나님나라 사람들

하나님나라는 예수님께서 이 땅의 새로운 왕으로 오심으로 시작되었으며, 구원받은 우리에게 그 나라는 실제적으로 임하였습니다. 그래서 이 현재적 하나님나라를 살아가는 우리는 미래적 하나님나라를 기다리며 말세를 보냅니다. 이렇게 **하나님나라는 이미 임했지만 아직 완성되지 않았습니다. 그래서 하나님나라는 현재성과 미래성으로 나누어진 것이 아니라 '이중적 성격'을 가지는 것입니다. 하나님나라는 현재 우리 가운데 이루어졌지만, 예수님의 재림을 통해서 이루어질 완성될 그 나라가 아직은 아니기 때문에, 이런 측면에서 이 땅의 그리스도인들은 '이미**already'**와 '아직**not yet'**이라는 상황 속에서 긴장상태에 머뭅니다.**

그럼, 어떤 긴장상태에 머물게 됩니까? 성도는 예수님을 믿음으로 말미암아 본질적으로는 이미 '**의인**'이 되었지만, 이 땅에서 사는 동안에는 아직 죄를 짓는 '**죄인**'으로 삽니다. 또한 예수님의 죽으심과 부활로 인해 사탄이 쥐고 있던 사망권세를 깨뜨렸기에 궁극적인 '**승리**'는 보장되었지만, 재림 때까지는 여전히 우는 사자처럼 달려드는 사탄과 '**싸움**'을 하는 전투적인 삶을 삽니다. 그리고 우리는 하나님의 백성이기에 왕이신 그분의 '**말씀의 법**'으로 살지만, 아직은 이 땅에 발을 딛고 살고 있기에 '**세상의 법**'에 영향을 받을 수밖에 없습니다. **하나님나라는 이처럼 이중성과 양면성을 갖습니다. 그러하기에 우리는 '이미와 아직'이라는 사이 속에서 피할 수 없는 고난, 아픔, 갈등**

이 있는 긴장상태에서 살고 있습니다.

긴장상태에 있는 이유

첫째, 구원 후 변하지 않는 환경과 조건 때문입니다.

우리는 예수님을 믿음으로 구원을 받아 그리스도인이 되면 구원 전과 구원 후의 환경이 완전히 달라질 것으로 기대합니다. 구원을 받은 후에는 불화했던 가정에 평안이 깃들고, 몸은 더 건강해지고, 학교의 성적도 오르고, 좋은 직장에 들어가고, 사업도 번창하는 등 모든 일이 더 좋은 상황으로 바뀌어야 한다고 여깁니다. **하지만, 실상 불신자일 때의 삶의 현실과 별 차이가 없습니다. 여기에서 바로 갈등이 생기는 것이지요.**

성도가 된다는 것은 이 세상에서 높은 자리, 많은 재산, 건강한 삶, 세상의 성공과 행복을 궁극적 목적으로 삼지 않는 것입니다. 하나님께서는 구원받은 사람들을 하나님나라 사람다운 거룩한 존재로 변화시키길 원하시기 때문입니다. 그래서 그 목적에 맞게 높은 자리가 필요하면 줄 것이요, 반대로 낮은 자리가 필요하면 그렇게 허락하실 겁니다. 건강이 성화의 목적에 필요하면 주실 것이요, 반대로 질병이 필요하면 그렇게 하실 것입니다. 돈도 그 목적에 따라 있든지 없든지 하게 하실 것입니다.

성도는 구원 후에 다른 제3의 공간좋은 환경**으로 이동할 것이라는 막**

연한 생각에서 벗어나야 하고, 자기 자신이 전혀 갈등이 없는 슈퍼 그리스도인이 된다는 생각에서도 벗어나야 합니다. 그래서 구원 전과 후의 변하지 않는 환경과 조건 때문에 그리스도인은 갈등하면서 긴장상태에 머무르게 됩니다.

둘째, 사탄의 세력이 여전히 남아 있기 때문입니다.

하나님나라의 현재성과 미래성 사이의 긴장은 사탄의 존재와 활동과 깊은 관련이 있습니다. 하나님나라가 이미 이루어짐과 동시에 사탄은 결박되었습니다마12:28~29. 예수님의 모든 행하심, 곧 모든 가르침과 사역, 그리고 십자가의 죽으심과 부활 사건은 사탄의 패배를 의미합니다. 비록 **결정적인 승리는 이루어졌지만, 사탄은 여전히 활동을 멈추지 않고 있습니다. 그러므로 새하늘과 새땅이 오기 전까지 그리스도인들은 이 땅에서 사는 동안 사탄의 속임과 방해를 받습니다.** 그래서 성도는 사탄이 주는 고난과 아픔과 어려움 가운데 갈등하게 되고, 이로 인해 긴장상태에 머무를 수밖에 없습니다.

D-Day와 V-Day

2차 세계대전을 경험한 신학자들이 노르망디 상륙작전을 가지고 하나님나라의 이중성을 자주 설명하곤 하였습니다. 이 예는 사탄의 통치를 꺾고 하나님나라를 이루어가는 과정을 이해하도록 도움을 줍니다.

1944년 6월 연합군이 프랑스의 노르망디 해안에 상륙해서 독일군을 격퇴하였을 때의 그날이 D-Day decision day입니다. 그날 이미 독일군의 기세는 꺾였고 승리는 결정되었습니다. 그러나 2차 대전은 여전히 끝나지 않았고, 그 후 1년 동안이나 지속되었으며, 1945년 5월 8일에 베를린의 함락으로 독일이 완전히 항복함으로써 비로소 끝났습니다. 정해지지 않았던 기간 동안 계속되었던 전쟁이 마침내 그날에, V-Day victory day에 끝이 난 것입니다.

- 양용의의 『하나님 나라를 어떻게 이해할 것인가』 중에서

이런 것이 신약성경에서 보여주는 지금 이 시대를 사는 성도들이 처한 하나님나라 상황입니다. 예수님의 초림, 죽음과 부활을 통해서 이미 승리라는 결론을 맺었습니다. 그러나 예수님께서 재림하실 때까지 전쟁은 계속됩니다. **예수님께서는 사탄의 권세를 깨뜨리고 승리하셨지만, 재림하여 사탄을 무저갱에 다 집어넣으실 그날까지, 우리는 깨어 긴장하는 삶을 살아야 합니다.**

셋째, 세상의 가치관과 충돌하며 살아야 되기 때문입니다.

성도가 되면 말씀의 법이 적용됩니다 롬8:1~2. 그러나 현실은 여전히 세상의 법 사탄의 법에 영향을 받으며 세상에 사는 사람들과 함께 살아가게 됩니다. 성도는 불신자와 함께 세상의 제한된 의식주를 위해 경쟁해야 하고, 또 그것을 공유해야 합니다.

가치관이 서로 다른 사람들과 함께 살기 때문에 어쩔 수 없이 생기는 갈등이 있습니다. 하나님을 주인으로 섬기는 자와 사탄을 주인으로

섬기는 자가 함께 먹고, 자고, 일하고, 사귄다는 것은 궁극적으로는 불가능하기 때문입니다. 그럼에도 불구하고 그들과 함께 있어야 하는 게 성도의 현실입니다. 함께할 뿐만 아니라 하나님나라 사람으로서 그들을 향한 빛과 소금의 역할도 감당해야 되기에, 성도는 어쩔 수 없는 갈등으로 인한 긴장상태에서 삽니다.

현상은 긴장상태, 본질은 평강상태

완성된 구원이 주는 평강

우리는 앞에서 현재적 하나님나라에 살고 있는 성도는 이 땅에 살 동안 갈등을 수반하는 긴장상태에서 벗어날 수 없다는 것을 알게 되었습니다. 그래서 우린 하나님의 통치를 받는 그리스도인으로 살지만, 이 땅을 살면서 고난과 어려움을 비껴갈 수 없는 존재입니다.

허물로 죽은 우리를 그리스도와 함께 <u>살리셨고</u>너희가 은혜로 구원을 받은 것이라 또 함께 <u>일으키사</u> 그리스도 예수 안에서 함께 하늘에 <u>앉히시니</u>엡2:5~6

여기에서 우리는 3개의 동사 시제를 유심히 살펴볼 필요가 있습니다. 우리말로는 그 시제가 분명치 않습니다. 그래서 우린 이 부분을 이렇게 이해하곤 합니다. '살리셨고'는 과거이고, '일으키사'는 현재이며, '앉히시니'는 미래시제일 것이라고 생각하기 쉽습니다. 시간상으로 이해할 때 이것이 자연스럽습니다. 하지만 성경 원문인 헬라어로 살펴보면 중요한 사실을 발견할 수 있습니다.

이 3개의 동사는 모두가 과거형이라는 것입니다. '함께 살리셨고'

는 헬라어로 '쉬조오포이에오συζωοποιέω'의 과거동사이고, '함께 일으켰고'는 '쉬네게이로συνεγείρω'의 과거동사이며, '함께 앉히셨다'는 '숭카디조συγκαθίζω'의 과거동사입니다. 이 본문의 시제를 보면, 실상은 구원받은 그 즉시 우리가 이 세상을 살 동안 하나님의 사람으로 인정받고, 또한 살면서 승리가 보장되고, 죽음 이후에 결국 천국을 가는 것이 이미 이루어진 사실임을 알 수 있습니다. 그래서 **구원의 칭의, 성화, 영화가 과거, 현재, 미래가 아니라, 칭의가 이루어지는 그 순간 모든 것이 과거에 이루어진 사실이 됩니다.**

칭의로 시작된 우리의 인생에 하나님께서 계획을 가지고 우리의 삶에 다가오시면 어느 누구도 그 계획을 막거나 수정하거나 뒤집어엎을 수 없습니다. 그래서 구원받았다는 것은 신분적 변화인 칭의적 구원만을 두고 말하지 않습니다. 구원은 '칭의'뿐만 아니라 하나님나라 사람으로서 변화되는 '성화의 구원'과 미래적 하나님나라에서 살게 될 '영화적 구원'까지 포함합니다. **그래서 이 부분은 3단계이면서도 하나의 사건입니다. 이것을 가능케 하는 중요한 요소는 구원을 이루는 주체가 하나님이시기 때문입니다. 그분이 칭의로 구원을 시작하셨으니 성화와 영화까지 책임지신다는 것은 당연한 원리입니다.**

이런 사람이 있다고 가정해 봅시다.

사람들이 서울행 KTX 고속전철을 부산에서 탔습니다. 여러분도 기차를 타면 별별 사람들을 다 볼 것입니다. 잠자는 사람도 있고, 책을 읽는 사람도 있고, 옆 사람과 이야기하는 사람도 있고, 카

드놀이를 하는 사람도 있습니다. 화장실을 가려고 나가는 사람도 있고, 객실 안이 답답해서 아예 밖에 나가 있는 사람도 있습니다.

어떤 사람이 서울 방향으로 이쪽 칸에서 저쪽 칸으로 걸어갑니다. 그런데 그 사람이 기차 칸을 이동하면서 '나는 지금 걸어서 서울로 가고 있어!'라고 한다면, 여러분은 어떻게 생각하십니까? 정말 그 사람이 걸어서 서울로 가고 있는 것입니까? 아니면 기차 때문에 가고 있는 것입니까? 예! 기차 때문에 가고 있습니다. 만약 자기가 서울 쪽으로 걸어간다고 해서 도보로 서울을 가고 있다고 주장하면 좀 이상한 사람일 것입니다.

한편, 다른 한 사람은 기차 안에서 물건을 내리려 하다가 그만 흔들려서 넘어졌습니다. 하필이면 서울 방향이 아니라, 반대 방향인 부산 방향으로 넘어졌습니다. 그래서 이 사람이 일어나면서 '이제 서울과 멀어졌다'거나 '이젠 서울로 가는 것이 힘들겠다'며 속상해 하면서 안절부절못한다고 합시다. 어떻습니까? 이 사람도 좀 이상하지 않습니까?

둘 다 뭘 잊고 있습니까? 예, 그렇습니다! 자기가 서울행 기차를 타고 있다는 사실을 잊어버린 것입니다.

그런데 구원받은 성도가 이런 이상한 행동을 하는 경우가 종종 있습니다. 구원열차를 탄 후에도 자기가 원하는 대학에 못 갔다고 실패한 인생이라고 간주합니다. 살면서 대기업에 취업하지 못했다고, 공무원 시험에 합격 못했다고, 임용고시에 붙지 못했다고 자신의 인생을 하류인생으로 취급합니다. 돈 좀 잃었다고 해서 망했다고 합니다. 병에 걸렸다고 하여 저주받은 인생이라 여깁니다. 하지만 이런 사람은 단지 부산 방향으로 한 걸음 물러선 것뿐입니다. 기차 안에서 넘어진 것뿐입니다. 망한 것도 아니고 실패한 것도 아닙니다. 이런 것들이 서울 가는 데 방해거리가 될 수 없습니다. 망한 사람, 실패한 인생은 구원열차를 못 탄 사람들입니다. 기차에서 한 칸 뒤로 갔다고 망했다거나 실패했다고 생각한다면, 정말 바보입니다.

그렇다면 기차 안에서 서울 방향으로 걸어가며 그곳과 더 빨리 가까워졌다고 생각한 사람은 어떤 경우입니까? 그것은 좀 착하게 살거나 열심히 살았다고 하여 마치 자기 힘으로 신앙생활을 한다고 여기는 것과 같습니다. 이 또한 착각이자 바보 같은 생각입니다.

서울로 가는 것은 서울행 기차를 타는 순간 이미 결정되었습니다. 그곳에서 앞으로 열 칸을 더 가든, 뒤로 계속 넘어지든, 그곳에서 잠을 자든, 공부를 하든, 자신의 행동이나 생활과는 상관없이 서울로 가는 것입니다. 이처럼 우리가 예수님을 믿으면 이미 구원열차를 탄 것입니다. **그래서 3개의 동사는 과거, 현재, 미래로 나아가는 것이 아니라, 모두가 이미 결정되고 이루어진 과거형으로 기록되었습니다.**

그런데 사탄은 우리의 인생을 과거형이라고 하지 않습니다. 언제나 바뀔 수 있는 불안한 존재라고 우리를 속입니다. 그래서 때론 끊임없이 우리를 분주하게 만듭니다. 쉼이 없게 합니다. 또한 불안하게 하고, 초조하게 합니다. 하지만 완성된 구원을 받은 성도는, 비록 힘든 인생열차를 탔지만, 결국은 하나님의 사람으로 완성됩니다. 그러니 천국에 들어가는 것을 믿고 평강을 누리며 살아야 합니다.

상황을 분석하는 능력

대부분의 남자들은 축구시합을 시청하는 것을 좋아할 것입니다. 저도 누구 못지않게 좋아합니다. 어떤 남자들은 집에서 국가대항전A매치을 시청할 때면, 그냥 조용히 보지 못하고 긴장을 한 채 고함도 지르고 호들갑을 떨면서 봅니다. 저도 그냥 조용히 보는 스타일은 아닌 것 같습니다.

특히 저는 한일전을 보게 되면 앞에 먹을거리를 두고 보지 못하는 편입니다. 어떻게 그 거룩한? 경기를 먹으면서 볼 수 있겠습니까? 어떻게 편안하게 소파에 기대어서 볼 수 있겠습니까? 그 경기에 온 정신을 다 쏟으면서 긴장하면서 보아야지요. 한국이 한 골을 넣으면, "대한민국!"을 부르면서 환호합니다. 해방의 기쁨이 이런 걸까요? 그런데 골을 주기라도 하면 얼마나 속이 상하고 기분이 다운되는지요. 그 경기에 저의 희로애락이 다 들어있는 것 같습니다.

그러던 어느 날 한국이 일본을 2:1로 이겼다는 소식을 들었습니다. 제가 그 경기를 보지 못해 아쉬웠는데, 우연찮게도 집에 가니까 재방송을 하고 있었습니다. 2:1로 이긴 한일전 A매치를 보는 그때의 제 자세는 어떠했을까요? 예! 평소와는 시청하는 스타일이 사뭇 달랐습니다. 제 앞에 먹을거리를 내어놓고 소파에 기대어서 최대한 편안한 자세로 시청하였습니다.

우리가 먼저 한 골을 내주었습니다. 평소 같았다면 속이 상하면서 갑자기 일제 치하의 설움이 북받쳐 오르고, 우리 선수들이 엄청 밉게 보였을 겁니다. 하지만, 그날은 얼마나 여유로웠는지요. 방방 뛰지도 않았습니다. 마음이 편안하였습니다. 그뿐만 아니라, '아하! 저렇게 해서 골을 주었구나!', '저 수비가 공격수를 놓쳤구나!', '이 타임에 선수교체를 했으면 괜찮았을 텐데.'라며 경기 내용을 객관적으로 분석하고, 문제를 파악하고 있었습니다. 왜요? 이미 2:1로 이긴 경기니까요. 한 골을 주어도, 선수들이 헛발질을 하고 넘어져도, 다 괜찮았습니다. 볼만했습니다. 사실은 한 골을 먼저 주고 역전승을 하니까 더 재미있었습니다.

제가 왜 이 축구 이야기를 하는지 혹시 아십니까? 구원을 받았다는 것은, 이미 2:1로 이긴 경기를 알고 보는 것처럼, 우리가 인생에서 이미 승리했음을 알며 산다는 것을 뜻하기 때문입니다. '살리셨고'로부터 시작된 우리 인생은 이미 승리까지 보장받았습니다. 이걸 아셔야 합니다. 이 승리는 예수님께서 십자가를 지심으로 사탄의 머리를 밟았기 때문입니다. 우린 이미 이긴 경기, 이긴 인생을 살고 있습니다.

그럼에도 우리가 알아야 할 것은, 인생 경기 중에 넘어지는 것을 피할 수 없다는 사실입니다. 한 번쯤 골을 먹는 것도 피할 수 없습니다. 경기하면서 숨도 쉬기 어려울 만큼 힘들 때도 있습니다. 헛발질 할 때도 있습니다. 때론 자살골을 넣는 것처럼 어처구니없는 일이 생길 때도 있습니다. 이때, 세상 사람들은 한 골을 내주면 '졌다'라고 말합니다. '망했다'라고 이야기합니다. '그냥 포기하고 돌아가자'라고도 합니다. 하지만 우리는 그들과 다릅니다. 결코 경기가 패한 것처럼 여기지 않습니다. 왜냐하면 우린 2:1로 이긴 경기를 하고 있으니까요. 마지막 인생 점수를 알고 있으니까요. 우리가 받은 구원이 이런 것입니다.

현상은 긴장이고 갈등상태이지만 본질은 평강상태임을 알고 누리는 사람에게 주어지는 능력이 있습니다. 그것이 바로 자신의 고통과 아픔과 시련을 분석하고 파악하는 힘입니다. 이미 이긴 경기를 알고 보는 사람은 왜 골을 주었는지에 대한 분석이 가능합니다. 이것은 이 경기의 결말인 승리를 아는 자만이 누리는 은혜입니다.

성숙과 열매를 위한 갈등

베드로의 삶을 보세요. 예수님을 알고 난 후, 얼마나 많이 넘어지고 실수하면서 살았습니까? 베드로는 물 위를 걸어오시는 예수님을 보고 자기도 물 위로 뛰어들었습니다. 그러나 곧 의심하여 물에 빠졌습니다 마14:22~33. 십자가를 지시겠다는 예수님의 말씀에 흥분하며 만류하다가 사탄이라는 소리까지 들었습니다 마16:21~23. 십자가를 지기 위해 잡히신 예수님을 향해 세 번이나 부인하고 저주하였습니다 마26:69~75. 구습에 매인 율법적인 부분을 완전히 벗지 못해 신앙적으로 후배인 바울에게까지 책망을 받았습니다갈2:11~14.

이렇듯 그는 참 많이 넘어졌습니다. 교만했고, 좌절했습니다. 신앙의 기복도 많았습니다. 하지만 우리는 이 모든 실패와 넘어짐과 고난들이 베드로를 능력 있는 성도, 곧 거룩한 성도로 만들어내는 과정이었다는 사실을 압니다.

구원이란 어떤 한 조각가가 길을 가다가 모닥불 속에 타고 있는 나무를 보고 저 나무로 조각품을 만들겠다고 결심하는 것과 같습니다. 조각품을 만들기 위해서 이 사람은 불붙는 모닥불 속의 나무를 맨 먼저 불에서부터 꺼내야 합니다. 나무의 입장에서 이 사건을 생각해 보십시오. 나무는 속수무책으로 불속에서 타고 있지만 자기 혼자서 불속에서 나올 수는 없습니다. 누군가가 꺼내주지 않는 한 말입니다. 그런데 누군가가 꺼내주어서 불을 꺼 주었습니다. 그러니 얼마나 기쁘겠습니까? "받았네, 구원받았네!"

그런데 그 다음날부터가 괴롭습니다. 나를 꺼내 준 은인은 매일 와서 무언가를 하시는 겁니다. 사포로 문지르고 끌로 파고, 호호 불고, 요리조리 들여다보고, 소금물에 담갔다가 꺼냈다가 니스 칠을 했다가 마음에 안 든다고 홀딱 벗겼다가, 그래서 때론 미칠 지경입니다. 아니 이건 불속에 타고 있는 동료 나무들의 고통만큼 힘든 것입니다.

왜 조각가는 그냥 놔두지 꺼내서 이 고생을 시키는 것일까요? 구원이란 '완성을 시키기 위해서 하나님이 갖고 계신 계획'이라 성경은 말씀합니다.

- 박영선 목사 / 남포교회

우리의 인생을 향한 하나님의 계획을 알면, 자신의 인생에 사포를 대고, 끌을 대고, 칼을 대어서 고통을 느낄 때, 그냥 힘들어 하지만은 않을 것입니다. 자신이 주님께서 원하시는 작품으로 만들어져 가는 과정임을 충분히 알고 아파하는 것입니다. 그래서 당장의 현상은 아픕니다. 괴롭습니다. 갈등이 일어나고 긴장도 됩니다. 불이 탈 때도 굉장히 고통스러웠는데, 불에서 나온 후에도 깎이고, 밀리고, 잘리니, 이것 또한 고통스러운 것입니다.

그러나 주목할 것이 있습니다. 불에 탈 때 느꼈던 고통, 고난, 눈물, 아픔은 불에서 나와 작품이 되기 위해 느끼는 것과는 근본적으로 차이가 있다는 겁니다. 완전히 다른 차원입니다. **전자의 고통은 의미 없는 것이지만, 후자의 고통은 의미 있고, 이유 있고, 또 필요한 것입니다. 그래서 고통 가운데서 기뻐하고 감사하며 즐거워할 수 있습니다. 자신이 하나님나라 사람으로서 완성되어져 가는 과정이기 때문입니다.**

하나님나라 사람들이라 하여 인생을 살면서 다가오는 문제와 고통이 면제되지는 않습니다. 하지만, 분명한 것은 갈등과 싸움의 수준이 달라진다는 사실입니다. 예수님을 갓 믿고서 처음에 갈등하고 싸웠던 문제가 성숙하면서 더 이상 싸움거리가 되지 않는 것입니다.

그렇다고 인생에서 갈등과 싸움이 끝나는 것은 아닙니다. 또 다른 높은 수준의 싸움들이 기다리고 있습니다. 똑같은 강도의 고통과 아픔을 겪게 됩니다. 하지만 **이전의 싸움거리와는 다른 더 높은 차원의 싸움입니다.** 갈등과 아픔이 면제되거나 그 고통의 강도가 낮아지지는 않지만, 그 문제의 수준은 계속적으로 높은 차원으로 바뀝니다. 이것이 성화의 과정이고, 열매 맺는 삶입니다.

Chapter 2

하나님나라 vs 세상나라

세상나라의 시작

가인이 만든 세상나라:
가인의 문화_힘(Power)의 문화

바벨탑 사건이 만든 세상나라:
바벨의 가치관_크고, 높고, 많고(힘을 추구하는 형태)

하나님만으로 만족하는 자들

하나님나라의 문화:
하나님을 추구

아노미(Anomie) 상태에 놓인 하나님나라 사람들

하나님을 추구하는 성도들

세상나라 가치관에 물든 한국교회

가인의 문화와 바벨의 가치관에 침식된 한국 기독교

세상나라에 물든 거짓된 하나님의 영광

이상한 간증이 난무하는 한국교회

이 땅을 사는 성도는 불신자들과 더불어 살면서 하나님나라의 가치관과는 다른 세상의 가치관과의 충돌을 경험하게 됩니다. 이런 상황에서도 성도는 말씀의 법칙대로 살아가려 합니다. 하지만 삶의 현장에는 세상의 원칙이 거대하게 자리 잡고 있기 때문에 이 싸움에서 그리스도인들이 자주 집니다. 그런데 심각한 문제는 한국교회가 이러한 갈등에 대처하지 못하는 것은 고사하고 아예 이 싸움에 대한 충분한 인식조차도 없다는 것입니다.

성도가 하나님나라의 가치관으로 살고자 할 때에 세상나라에서 어떠한 모습인지 다음과 같이 말씀하고 있습니다.

이 사람들은 다 믿음을 따라 죽었으며 약속을 받지 못하였으되 그것들을 멀리서 보고 환영하며 또 땅에서는 **외국인과 나그네임**을 증언하였으니히11:13

예수 그리스도의 사도 베드로는 본도, 갈라디아, 갑바도기아, 아시
아와 비두니아에 **흩어진 나그네**벧전1:1

성경은 성도를 세상나라에서 '외국인'과 '나그네'라고 비유하고 있
습니다. 고대 사회에서 외국인은 적으로 인식되었습니다. 외국인과 나
그네는 그 공동체에게 경계의 대상이었고, 경멸의 대상으로까지 여겨
졌습니다. 그래서 나그네가 그곳에서 인정받는다는 것은 정말 힘든 일
이었습니다. 이렇듯 성경은 성도를 이 땅에서 외국인과 나그네처럼 대
우를 받으며 살아가는 존재라고 말합니다.

그러니 왕이신 하나님의 법인 생명의 성령의 법롬8:1으로 사는 성도
가 죄와 사망의 법이 지배하고 있는 세상나라에서 산다는 것은 결코
만만치 않은 것입니다.

세상나라의 시작

세상나라는 하나님나라와 반대되는 개념입니다. 그래서 세상나라는 하나님의 통치를 부정하는 나라요, 그 통치의 부재로 인해 생겨나는 죄의 부산물들로 이루어진 나라입니다. 그곳에는 하나님 없이 살아야 하는 인생의 비참함이 있습니다. 그곳은 하나님 없는 인생들이 만들어내는 오염된 세상의 법칙과 가치관으로 움직이는 곳입니다.

그런데 문제는 세상나라에 사는 성도가 불신자와 함께 살고 있다는 것이며, 그 나라의 문화와 가치관과 법칙으로부터 절대 자유롭지 않은 몸이라는 것입니다.

가인이 만든 세상나라:
가인의 문화 - 힘Power의 문화

가인이 여호와 앞을 떠나서 에덴 동쪽 놋 땅에 거주하더니창4:16

에덴동산에서 쫓겨난 아담과 하와에게서 많은 자손들이 태어납니다. 창세기 4장에 보면, 그들의 자손인 가인과 아벨이 등장합니다. 가인은 제사 때문에 동생 아벨을 죽이는 죄를 짓습니다. 그는 범죄 때문에 여호와 하나님 앞에 머무를 수 없는 처지가 됩니다. 이 죄를 짓기 전에 아담, 하와, 가인, 아벨은 그들의 인생을 책임지시는 하나님의 간섭과 인도 속에 살았고, 그분의 보호 아래 의식주를 해결 받으면서 살았습니다. 그러나 가인은 이제 더 이상 하나님의 다스림 속에서 보호를 받을 수가 없게 되었습니다. **그는 하나님 앞에서 쫓겨나면서부터 혼자 힘으로 자신의 삶을 살아야만 했습니다.** 이제 그는 하나님이 왕이 아니라 스스로 자기의 인생을 결정하는 왕의 자리에 앉게 되었습니다. 자신이 왕이기에 마음대로 살게 되었지만, 이제는 자신보다 강한 자에게 죽임을 당할 수도 있고, 자신의 것을 빼앗길 수도 있는 불안 속에 늘 긴장하며 살게 되었습니다창4:14.

가인의 이런 불안한 상황은 "여호와 앞을 떠나서"창4:16 에덴 동쪽의 "놋 땅에 거주"하게 되었다는 말에서 더 확실하게 드러납니다. '놋'이라는 말은 '방랑'이라는 의미를 가지고 있습니다. 즉, 그곳은 방랑의 땅이기에 평안이 없고, 늘 불안과 고독과 긴장을 가지고 살아야 했던 곳이었습니다. 가인이 만든 사회는 세상나라의 본질적인 상태를 잘 드러내고 있습니다.

결국 가인이 만들어낸 세상나라는 자기 자신 외에는 어느 누구도 믿을 수 없는 불신의 공간이었습니다. 하나님도 계시지 않는, 정확하게는 부재하다고 인식하는 곳이기에 자기 인생을 자기 스스로 책임져야 하는 불안한 곳이었습니다. 그래서 그가 만든 세상은 자신이 살아남기 위해 자기 스스로를 강하게 만들어야만 하는 문화로 자연스럽게 변화되어 갔습니다.

가인이 만든 세상나라에는 다양한 문화가 생겨나기 시작했습니다. 그는 성을 쌓았습니다창4:17. 라멕은 여러 아내를 취했습니다. 그의 자녀들인 야발은 육축을 치는 자의 조상이 되었고, 유발은 수금과 퉁소를 잡는 자의 조상이 되었습니다. 두발가인은 동철로 날카로운 기계를 만들었습니다. 이 모두는 하나님의 부재 속에서 가인의 후손들이 만들어낸 문화입니다. **오늘날 세상 문화의 시발점이 된 가인의 문화는 하나님께서 계시지 않는 공간에서 자신들 스스로 살아남기 위한 몸부림의 결과였습니다.** 성을 쌓아 자기를 보호할 수 있는 힘을 가지거나, 여러 아내를 둠으로 자신의 힘을 과시하는 것이나, 육축을 쳐 재물을 쌓아 힘을 가지거나, 수금이나 퉁소로 재능을 발휘하여 자기의 능력을 과시하거나, 날카로운 기계를 만들어 남이 쉽게 근접하지 못하도록 하는 것, 이게 바로 가인이 만든 세상나라의 문화입니다.

이 모든 것은 하나님께서 계시지 않았기에 자신이 가진 힘으로 자기 자신을 강하게 만드는 부분들입니다. **가인이 만든 세상은 힘을 추구하는 세상입니다. 바로 힘의 문화인 것입니다.** 세상나라는 약육강식이 지배하는 곳이어서 힘 있는 사람은 살아남고, 힘없는 사람은 잡아먹힙니다마틴 로이드 존스의 『하나님나라』 중에서. 그래서 세상은 자신이 스스로 힘을 가지든지, 아니면 힘이 있는 자 밑에 들어가서 보호를 받아야 하는 곳이 되었습니다.

가인의 문화에서 추구하였던 힘은 오늘날 아주 다양한 모습으로 변화되었습니다. 그것은 단지 창이나 칼과 같은 전쟁에 필요한 무기만을 말하지 않습니다. 힘의 문화는 이제 지식, 명예, 자리, 실력, 스펙, 인맥,

인기, 외모, 돈, 건강 등으로 변형되어 드러납니다. 그래서 **가인이 만든 세상나라는 한 사람도 빠짐없이 힘을 추구합니다. 그들은 세상에서 힘을 가지기 위해 자신의 삶을 투자하고, 희생하고, 실력을 쌓습니다. 심지어 남의 삶을 짓밟기까지 합니다. 그래야 자신이 세상나라에서 살아남을 수 있기 때문입니다**엄기영 목사의 강의 참조.

바벨탑 사건이 만든 세상나라:
바벨의 가치관 - 크고, 높고, 많고힘을 추구하는 형태

> 또 말하되 자, 성읍과 탑을 건설하여 그 탑 꼭대기를 하늘에 닿게 하여 우리 이름을 내고 온 지면에 흩어짐을 면하자 하였더니창11:4

바벨탑 사건은 노아 홍수 후에 그의 후손들이 살았던 살기 좋은 시날 평지에서 일어났습니다. 그곳에는 가인의 문화가 왕성하게 발달한 도시들이 우후죽순으로 생겨나고 있었습니다. 그중에 니므롯이라는 용감한 사냥꾼이 등장하여 그 도시들을 평정하게 됩니다. 성경은 니므롯에 대해 이렇게 설명합니다.

> 구스가 또 니므롯을 낳았으니 그는 세상에 첫 용사라 그가 여호와 앞에서 용감한 사냥꾼이 되었으므로 속담에 이르기를 아무는 여호와 앞에 니므롯 같이 용감한 사냥꾼이로다 하더라창10:8~9

성경은 니므롯을 세상의 첫 용사라고 말하면서 여호와 앞에서 용감한 사냥꾼이라고 소개합니다. 그러나 사실 이것은 니므롯에 대한 긍정적인 표현이 아닙니다. 여기에서 "여호와 앞에 니므롯 같이"라는 부분에서 '앞에'라는 단어는 '대항하여against'라는 의미를 가진 '파님ﬦﬧ'이라는 히브리어를 번역한 것입니다. 그래서 그는 포악한 사냥꾼으로서 사람들을 장악하였고, 막강한 힘을 발휘하는 정복자로서 도시를 다스렸습니다. 이렇게 큰 힘을 가진 니므롯은 바벨탑을 쌓고서 "탑 꼭대기를 하늘에 닿게 하여", "우리 이름을 내고", "온 지면에 흩어짐을 면하자"라고 외쳤습니다창11:4.

니므롯이 만든 바벨탑은 홍수를 내어 인류를 멸망케 하신 하나님의 심판에 '대항하여' 마련한 대책이었습니다. 인간이 쌓은 높은 탑은 하나님으로부터 두 번 다시 몰살당하지 않겠다는 의지의 표현입니다. 인간의 힘으로 하나님과 대항하여 살 수 있다는 것을 보이기 위해 높은 탑을 만든 것입니다. **자신들의 힘으로 만든 세상나라에 하나님께서도 감히 건드리지 못하도록 크고 높은 탑을 쌓아 힘을 과시하고자 했던 것입니다. 바로 큰 것, 높은 것, 많은 것을 좋게 여기는 세상을 만든 것입니다.**

'바벨'이라는 말은 악의 상징으로 '바벨론'과 함께 성경에서 혼용하여 쓰이고 있습니다. 요한계시록에서 바벨론이라는 단어와 함께 쓰이는 형용사를 유심히 보면, 그 단어가 추구하는 가치관을 정확하게 확인할 수 있습니다. 요한계시록에서 바벨론이라는 단어는 거의 **"큰 성 바벨론"**계14:8; 16:19; 17:5; 18:2; 18:21이라고 표현하고 있습니다. 하지만 바벨론과 상반된 개념인 새 예루살렘 성 앞에는 '큰'이 아니라 '거룩'이라는 형용사로 표현하고 있습니다. 큰 성 바벨론과 **'거룩한 성' 예루살렘**은 요한계시록에 나오는 세상나라와 하나님나라를 대조시켜 보여줍니다.

이 사실로 보아, 바벨탑 사건으로 나타나는 가치관은 큰 것, 높은 것, 많은 것을 원한다는 것입니다. 세상나라의 인본주의 공동체는 하나님나라와는 전혀 다른 원리인 크고, 높고, 많은 것을 추구하는 세상입니다. 이것이 힘을 추구하는 세상 문화입니다.

가인과 바벨탑의 사건에서 알 수 있듯이, 세상나라는 가인의 문화와 바벨의 가치관 속에서 끊임없이 힘Power을 추구하는 곳입니다. 그런데 **문제는, 성도들도 불신자들과 함께 세상나라의 가치관으로 움직이는 공간에서 가인의 문화의 영향을 받으며 살고 있다는 것입니다.**

성도는 범죄함으로 무너진 자연 속에 발을 딛고 살고 있습니다. 완전한 미래적 하나님나라가 도래하기 전까지 이 세상의 자연은 100% 회복되지 못합니다. 그러하기에 우리가 쓸 자원은 한정될 수밖에 없습니다. 그러니 공급은 적고 수요는 많은 불완전한 세상나라에서 사는 성도는 제한된 의식주를 가지고 경쟁해야 되며, 얼마 되지 않는 자리와 권력을 획득하기 위해 부득불 수단과 방법을 가리지 않고 싸워야 하는 상황에 처해 있습니다. 그리하여 하나님나라 사람은 세상나라에서 살 동안 갈등과 긴장상태에 놓여 있습니다.

하나님만으로 만족하는 자들

우리가 이 보배를 질그릇에 가졌으니 이는 심히 큰 능력은 하나님
께 있고 우리에게 있지 아니함을 알게 하려 함이라고후4:7

하나님나라의 문화:
하나님을 추구

하나님이 없이 자기 스스로 자신의 인생을 지켜야 하는 세상나라
사람들은 끊임없이 힘을 추구합니다. 크고, 높고, 많은 것을 가지려 하
고 있습니다. 이런 가인의 문화와 바벨의 가치관으로 움직이는 세상나
라에서 성도들은 어떻게 살아야 합니까?

**성도는 세상나라의 힘Power을 바랄 것이 아니라 하나님만을 바라보
아야 합니다. 불신자는 세상의 힘을 추구하지만, 성도는 하나님을 추
구해야 합니다. 비록 힘을 숭배하는 세계관 속에 살아가지만, 살아계
신 하나님을 믿고 사는 사람이 되어야 합니다. 그래서 하나님나라 사
람들은 하나님의 문화, 곧 하나님께서 우리의 인생을 책임져 주신다는
진리를 믿어야 됩니다.** 이러할 때 비로소 성도는 가인의 문화와 바벨
의 가치관 속에서도 하나님의 능력으로 그분께 영광을 돌리며 살아갈

수 있습니다.

아노미Anomie 상태에 놓인 하나님나라 사람들

하나님이 참으로 이스라엘 중 마음이 징결한 자에게 선을 행하시
나 나는 거의 넘어질 뻔하였고 나의 걸음이 미끄러질 뻔하였으니
이는 내가 악인의 형통함을 보고 오만한 자를 질투하였음이로다
그들은 죽을 때에도 고통이 없고 그 힘이 강건하며 사람들이 당하
는 고난이 그들에게는 없고 사람들이 당하는 재앙도 그들에게는
없나니시73:1~5

'가치관이 붕괴되고 목적의식이나 이상이 상실됨에 따라 사회나 개
인에게 나타나는 불안정 상태'를 '아노미 현상'이라고 합니다브리태니
커 백과사전 참고. 그런데 오늘날의 한국교회 그리스도인들은 세상나라의
힘의 원리로 인해 성경적인 가치관이 붕괴되고 있는 실정에 처하게 되
었습니다.

**그리스도인은 세상의 원리대로 살아가는 불신자들이 훨씬 더 많은
힘을 가지고 있는 것을 보면서 갈등하게 됩니다.** 불신자들이 자기들보
다 훨씬 더 높아져 있고, 더 큰 것을 가지고 있는 것처럼 보이기 때문
입니다. 그래서 성도들마저도 하나님께서 우리를 책임져 주신다는 사
실을 인정하면서도 결국 저들처럼 요구하게 됩니다. "하나님! 하나님

께서 나의 힘이고 능력인 것을 알고 있습니다. 그렇지만 지금 당장은 세상나라 안에서 실질적으로 사용할 수 있는 크고 높고 많은 힘을 저에게 주십시오!"

그러나 하나님께서는 이 땅에서 세상의 힘을 주시기보다는 하나님 자신이 우리의 힘이 되어주시겠다고 고집스럽게 말씀하십니다. 이 말은 하나님께서 우리의 능력이 되셔서 세상에서 불신자보다 훨씬 더 '높고, 크고, 많고'를 지향하는 세상의 힘을 우리에게 주신다는 의미가 결코 아닙니다. 그럼에도 불구하고 안타깝게 번영신학과 형통설교로 일관해 온 한국교회는 주님께서 힘이 되어서 성도에게 세상나라에서 불신자보다 더 크고, 더 높고, 더 많은 것을 주신다고 말합니다.

성도인 우리는 가인의 문화와 바벨의 가치관 속에서 세상적인 힘을 갖지 못해 힘들고 어려울 수도 있습니다. 낮은 자리에서 돈도 없고 건강까지 잃어버려서 때론 불신자에게 별 영향력을 미치지 못하고, 또 무시당하기도 합니다. 예수님을 믿음에도 불구하고 세상나라에서 내세울 것이 없는 현실 때문에 힘들어 할 수 있습니다.

하나님나라 사람들은 때론 세상나라에서 뒤처진 환경에 처할 수도 있고, 앞선 환경에 있을 수도 있습니다. 그러나 우리가 해야 되는 것은, 뒤처진 자리에 있다 하더라도 그 환경을 두고 불평하는 것이 아니라, 그 환경에서도 하나님으로 인해 항상 기뻐하고 감사하는 중에 성령의 아홉 가지 열매를 맺으며 평강을 누리는 것입니다. 그러하기에 하나님께서는 하나님나라 사람들을 향해 힘을 추구할 것이 아니라 하나님 자신과 그분의 능력을 추구하라고 말씀하십니다.

하나님을 추구하는 성도들

내가 궁핍하므로 말하는 것이 아니니라 어떠한 형편에든지 나는
자족하기를 배웠노니 나는 비천에 처할 줄도 알고 풍부에 처할 줄
도 알아 모든 일 곧 배부름과 배고픔과 풍부와 궁핍에도 처할 줄
아는 일체의 비결을 배웠노라 내게 능력 주시는 자 안에서 내가
모든 것을 할 수 있느니라빌4:11~13

이 말씀은 바울이 감옥에서 빌립보교회 성도들에게 쓴 서신에 나옵
니다. 바울은 세상나라에서 살아갈 때에 비천과 궁핍, 배고픔을 겪기
도 했고, 또한 풍부와 배부름, 높임을 누리기도 했습니다. 그러나 그는
어떠한 형편에 있든지 자족하기를 배웠다고 고백합니다. 이 자족은 모
든 상황 속에서 만족하고 더 이상 다른 것이 필요하지 않은 상태를 뜻
합니다. 그 이유는 능력 주시는 예수 그리스도 때문이고, 그분으로 인
해 모든 것을 할 수 있기 때문이라고, 그는 고백합니다. 이 모든 것을
할 수 있다는 것은 세상나라에서 모든 높은 자리, 높은 명예, 많은 재
물, 스펙, 인맥, 건강, 인기 등을 가질 수 있다는 말이 결코 아닙니다. 또
한 모든 어려움과 고생과 환란을 피하는 초능력을 가진다는 의미도 아
닙니다.

**바울이 가진 능력은 "주 안에서 항상 기뻐하라 내가 다시 말하노니
기뻐하라"빌4:4를 고백할 수 있음을 뜻합니다. 기뻐할 일 전혀 없는 감
옥에서도 말입니다. 이는 "내가 궁핍하므로 말하는 것이 아니니라 어**

떠한 형편에든지 나는 자족하기를 배웠노니"빌4:11라고 말하는 능력입니다. 모든 것이 부족한 감옥에서 말입니다.

왜 바울은 가인과 바벨의 문화에서 추구하는 세상나라의 힘을 요구하지 않습니까? 그것은 자기가 성도로서 주의 일을 감당하고 하나님의 백성다워지는 것에 가인으로부터 비롯된 문화의 힘은 필요조건이 아님을 알았기 때문입니다. 그래서 풍부해도 좋고 궁핍해도 좋다는 것입니다. 세상의 힘이 바울이 하고자 하는 사명을 방해하지 못한다는 것입니다.

그들이 그리스도의 일꾼이냐 정신 없는 말을 하거니와 나는 더욱 그러하도다 내가 수고를 넘치도록 하고 옥에 갇히기도 더 많이 하고 매도 수없이 맞고 여러 번 죽을 뻔하였으니 유대인들에게 사십에서 하나 감한 매를 다섯 번 맞았으며 세 번 태장으로 맞고 한 번 돌로 맞고 세 번 파선하고 일 주야를 깊은 바다에서 지냈으며 여러 번 여행하면서 강의 위험과 강도의 위험과 동족의 위험과 이방인의 위험과 시내의 위험과 광야의 위험과 바다의 위험과 거짓 형제 중의 위험을 당하고 또 수고하며 애쓰고 여러 번 자지 못하고 주리며 목마르고 여러 번 굶고 춥고 헐벗었노라 …… 내가 부득불 자랑할진대 내가 약한 것을 자랑하리라고후11:23~30

바울은 자기야말로 그리스도의 일꾼이라고 말하면서 그 증거로 자신이 복음을 전했던 상황을 전합니다. 그런데 이상하게도 바울은 자신이 행했던 기적과 신기한 영적인 경험을 말하지 않았고, 자신이 가진 대단한 로마 시민권도 언급하지 않았습니다. 오히려 세상 사람들이 숨기고 싶어 하는 것을 말합니다. 옥에 갇히고, 길의 위험이 있고, 거짓 형제에게 속임도 당하고, 춥고, 배고팠던 것을 말합니다. 이것이야말로 자신이 그리스도의 일꾼이라는 증거라고 단언합니다. **이런 어려움과 힘든 환경을 만나도 자신의 사역은 전혀 방해를 받지 않았기 때문입니다.** 아니, 어떻게 보면, 그는 이런 여러 어려움들을 오히려 하나님의 능력을 더 잘 드러내는 도구로 여겼습니다.

성도는 하나님이 우리의 힘이시기 때문에 설사 세상나라에서 힘이 없더라도 여전히 기뻐하고 감사하며 성령의 아홉 가지 열매사랑, 희락, 화평, 오래참음, 자비, 양선, 충성, 온유, 절제**를 맺으면서 거룩하게 살아가는 것을 보여줄 수 있어야 합니다. 주님께서 나를 이곳에 두신 이유를 깨닫든 깨닫지 못하든 간에 하나님의 주권, 곧 하나님의 주인 되심을 인정하면서 행복하게 사는 것입니다. 그래서 가인의 문화에 젖어 있는 불신자들이 우리가 가진 하나님의 능력이 참 힘이고 모두가 추구해야 할 것임을 알 수 있도록 보여주어야 합니다.** 그렇게 될 때에 세상나라 사람들이 도전을 받고 우리가 가진 참 능력을 부러워하며 관심을 가지게 됩니다.

이렇게 **어떤 상황에서도 하나님 때문에 기뻐하고 감사하며 성령의 열매를 보여주어야 함에도 불구하고, 그리스도인들조차도 돈에 빠져 있고, 성공에 갈급해 하고, 출세하고자 앞뒤 가리지 않고 달려듭니다.** 성도라고 하면서도 세상나라의 힘을 얻는 것이 복이라고 생각해서 더 많이 가지려 하고, 더 높은 곳으로 오르려 하고, 더 큰 것을 바라고 있습니다.

그럼, 성도는 어떻게 하나님만이 힘이 되심을 보여줄 수 있습니까?

예를 들어 세 사람 A, B, C이 같은 대학, 같은 과를 졸업하였다고 합시다. 그 중 A라는 친구는 졸업 후에 잘 풀려서 대기업에 취업이 되었습니다. 그런데 B라는 친구는 대기업에 도전을 했지만 매번 떨어지는 것입니다. 결국 나중에는 작은 규모의 회사에 들어가게 되었습니다.

힘을 추구하는 가인의 문화에서 본다면, B라는 친구는 그 대기업에 들어간 A라는 친구보다 열등한 사람이 되어 버렸습니다. 돈도 적게 벌 것이고, 사람들이 자기를 대우하는 모습도 달라질 것입니다. 좋은 집, 좋은 차도 포기해야 될 것이고, 남들에게 영향력을 미치는 범위도 좁아지게 될 겁니다.

그래서 B라는 친구는 매번 A라는 친구와 자기를 비교하면서 불평하고, 이런 자신을 비관하면서 패배주의에 빠져 힘들어 합니다. 이런 상황에서 C라는 다른 친구도 원하는 대기업에 취업이 안되어 B와 같은 직장에 들어오게 되었습니다.

하지만 C가 B와 한 가지 다른 점은 그가 그리스도인이라는 것입니다. 성도인 C는 B처럼 자신을 비하하지도 않고 대기업에 들어간 친구를 부러워하거나 시기하지도 않습니다. 자신이 이런 열악한 곳에 있으면서도 하나님으로 인해 그 안에서 감사하고 기뻐하며 성령의 열매를 맺으며 근사하게 일하면서 행복해합니다. 지금 자신이 이곳에 있는 하나님의 분명한 뜻을 인정하면서 거룩을 지키며 살아갑니다.

내가 가난해도 그렇게 살아갈 수 있는 힘! 내가 못 배워도 그렇게 살아갈 수 있는 힘! 내가 장애가 있어도 그렇게 살아갈 수 있는 힘! 이것이 그리스도인들에게 주신 주님의 능력입니다. 늘 불평하던 B는 자기와 똑같은 처지에 있는 C라는 친구가 이런 상황에서도 도리어 감사하고 기뻐하며 행복하게 일하는 것을 보면서 한편으로는 이상하게 여겼지만, 다른 한편으로는 도전을 받게 됩니다.

'과연 저 C의 안에 있는 하나님은 누구실까? 누구이기에 이런 상황에서도 기뻐하고 감사하게 만들까? 그 하나님은 참 대단한 분이시구나! 저 C라는 친구를 보니까 하나님이란 분은 돈이나 높은 자리보다 더 힘이 있는 분이 아닐까? 저 친구가 믿는 하나님이란 분을 나도 믿고 싶다!' C는 B가 이런 생각을 할 수 있도록 하나님이 참 힘이심을 보여줍니다.

이것이 예수를 믿는 자들이 추구해야 되는 삶의 방식입니다.

세상나라 가치관에 물든 한국교회

가인의 문화와 바벨의 가치관에 침식된 한국 기독교

오늘날 세상나라에 살고 있는 그리스도인들은 하나님께서 주신 능력으로 가인의 문화를 극복하며 살아야 합니다. 그러나 **성도는 하나님의 능력을 의지하며 감사와 기쁨으로 살아야 한다는 것을 머리로는 이해합니다. 하지만 실제 삶에서는 거꾸로 불신자들이 추구하는 세상의 힘을 가지려고 노력하는 성도가 적지 않습니다.** 이 땅에서 성공하고 출세해야 한다고 생각하는 겁니다. 그렇게 되지 않으면 자신이 이곳에서 열등한 존재가 된다고 여기기 때문입니다. 그런 까닭에, 결국 예수님을 믿으면서도 여전히 세상나라의 가치관에 매여 삽니다.

한국 기독교가 왜 세상나라의 불신자들로부터 비판을 받고, 또 초대교회가 받았던 핍박이 아닌 조롱을 받고 있습니까?

세상나라에서 불신자들이 힘을 추구하듯이 교회에서도 똑같이 이 힘을 가지려는 까닭입니다. 불신자들의 눈에는 교인들도 자신들과 똑같은 힘을 추구하기 위해서 교회에 가고, 기도하고, 성경을 읽고, 전도까지도 하는 것으로 보입니다. 세상 사람들은 건강하기 위해서 운동만 하는데, 교회 다니는 사람은 운동뿐만 아니라 기도까지 하는 겁니다. 자신들은 대입과 취업을 위해 열심히 공부하는데, 교회 다니는 친구는 공부도 열심히 하지만 합격을 위해 기도까지 합니다. 그렇기에 세상 사람들도 교회를 두고 존중하는 것이 아니라 교인들과 치열하게 경쟁합니다. 입으로는 하나님만이 전부라고 말하면서 하는 짓은 하나님 없는 자기들과 똑같더라는 것입니다. 실상 교인들 다수도 하나님이 힘이 되기를 바라는 것이 아니라 세상에서 떵떵거릴 수 있는 힘을 원합니다.

성도인 우리는 가인의 문화와 바벨의 가치관에 세뇌당하며 자라왔습니다. 어릴 때부터 부모님으로부터 얼마나 공부와 성적에 대해서 스트레스를 받으며 자랐습니까? 대부분의 부모님들은 공부가 자식의 인생을 결정짓는다고 믿고 어린 자녀들을 몰아붙였습니다. 어릴 때부터 열심히 공부하지 않으면 세상에서 힘을 가질 수 없다고 여겼기 때문입니다. 그런 가치관 속에서 우리는 유치원부터 대학까지, 그리고 사회의 본격적인 구성원이 되는 과정에서 자신도 모르게 쫓기듯이 달려왔습니다. 경쟁 사회에서 뒤처지지 않기 위해 늘 초조와 불안에 떨었습니다. 그러면서 친구들이나 옆 사람보다 조금이라도 뒤처지면 스스로 견디지 못하는 존재가 되어 버렸습니다.

저의 어머니도 마찬가지셨습니다. 제 꿈이 목사였고, 어머니도 이를 위해 늘 기도하셨습니다. 그럼에도 불구하고 제 어머니도 세상을 바라보는 눈이 다른 어머니들의 그것과 별 다르지 않았습니다. 어머니께서 하신 말씀의 요지는 목사 중에도 다른 목사보다 더 뛰어나고 유능해야 살아남는다는 것이었습니다. 큰 교회 담임목사로 가기 위해서는 더 좋은 대학을 나와야 되고, 박사 학위도 하나쯤 있어야 한다는 것입니다. 세상적으로 힘을 가져야만 목사로서도 성공한다는 것입니다.

지금 아들이 성경을 얼마나 암송하고 있는지, 하나님의 성품을 얼마나 닮아가고 있는지, 예배시간에는 얼마나 많은 은혜를 받고 있는지……, 하나님을 향한 아들의 이런 모습보다는 성적에 더 많은 관심을 가지셨습니다. 그래서 아들의 성적에 따라 울기도 하고 웃기도 하셨습니다. 물론 부모로서 자식 공부에 대해 관심을 가지는 것이 잘못된 일은 아닙니다. 그건 당연합니다. 그러나 어떤 가치관을 가지고 자녀를 가르치느냐가 중요합니다.

저의 어머니는 중형교회 사모님이셨습니다. 교회에 대해서, 신앙에 대해서 모르시는 분이 아닙니다. 기도하시는 분이셨고, 하나님 앞에서 최선을 다해 사모로서 바르게 살고자 평생을 사신 분이셨습니다. 그럼에도 불구하고 힘을 추구하는 것은 세상나라 사람들이 하는 것과 별반 다르지 않으셨습니다.

사실 세상나라의 불신자들은 세상의 힘을 추구할 수밖에 없습니다. 하나님이 없는 불신 인생으로서 자신이 스스로의 삶을 책임져야 하니까 당연합니다. 그러나 문제는 예수님을 믿고 그분의 능력으로 살고자 하는 하나님나라 사람들도 그렇다는 것에 있습니다.

한국 기독교가 가인의 문화와 바벨의 가치관에 얼마나 심각하게 침식당해 있는지 모릅니다. 한국교회가 얼마나 이 문화와 가치관에 빠져 있는지 아예 인식조차 못하는 부분도 있습니다.

세상에서 돈 많고 높은 자리에 있는 사람들이 새 가족이 되어 교회에 등록을 한다고 해 봅시다. 그러면 목사로부터 시작해서 많은 성도들도 관심을 가지고 신경을 쓰며 대합니다. 그러나 배운 것도 없고, 가진 것도 없는 사람들이 등록을 하면 별 신경도 쓰지 않는 모습을 종종 볼 수 있습니다. 그리고 큰 교회, 도시의 규모 있는 교회의 목사들에 대해서는 성도들이 인정합니다. 하지만 작은 교회, 시골 교회, 이름 없는 개척교회에서 목회하는 목사들은 그만큼 존경하지 않습니다. 별로 알아주지도 않고 관심조차도 갖지 않습니다. 이런 것들이 세상의 힘의 논리가 교회 안에 그대로 들어와 있는 모습입니다.

이런 맥락에서 한국교회에서 행하는 기독교 집회나 세미나의 팸플릿을 한번 유심히 보시길 바랍니다. 대형교회 목사들의 얼굴이 즐비하게 나와 있습니다. 그런데 개척교회 목사, 힘든 지역에서 수십 년을 열심히 목회하지만 아직도 미자립교회로 있는 목사, 교인 몇 명을 두고 성실하게 섬기는 목사, 이런 분들이 집회나 세미나 강사로 초청받는 경우를 보는 것은 결코 흔한 일이 아닙니다.

이처럼 한국의 기독교와 교회들조차도 세상나라의 원리인 가인의 힘의 문화, 바벨의 크기와 덩치 불리기 가치관에 물들어 있습니다.

세상나라에 물든 거짓된 하나님의 영광

우리는 하나님나라 사람들이 살아가는 제일 된 목적이 하나님의 영광에 있다고 배웠습니다웨스트민스터 대소요리문답 제1문. 교회도, 성도도 이 비전을 위해 존재합니다. 하지만 **기독교에서 이렇듯 중요하게 여기는 하나님의 영광이라는 목적조차도 가인의 문화와 바벨의 가치관에 물**

들어 버렸습니다.

무엇이 잘못되었습니까? 성도가 세상에서 성공하여 불신자들에게 하나님의 능력을 보여주는 것이 바로 하나님께 영광을 돌리는 것이라고 믿기 때문입니다. 하지만 이것은 세상나라 가치관이지 성경적인 가치관이 아닙니다. 성경은 세상나라에서 성도가 얼마나 큰 힘을 가지는가에 초점을 두고 있지 않습니다. 이런 것으로는 하나님께 영광을 돌릴 수가 없습니다. 그런데 우리는 계속해서 어떻게 살기를 원합니까? 세상나라에서 한자리를 차지하고자 합니다.

"하나님! 제가 돈이 없습니다. 하지만 제가 돈을 빌려서 지금 작은 가게를 열 것입니다. 주님! 이 가게가 잘 되게 해 주셔서 한국에서 일류 기업으로 만들어 주시면, 제가 하나님께서 살아계심을 간증하면서 살아가겠습니다!" 세상의 성공으로 **하나님께 영광을 돌리겠다는 이런 방식을 많은 성도들이 염원합니다. 세상나라에서 한자리 차지하고, 돈 많이 벌고, 나름대로 힘을 가지게 되었을 때, "하나님을 믿으면 이렇게 복 받습니다!" 하고 간증하는 식으로 하나님께 영광을 돌리겠다는 것입니다.**

지금도 숱한 하나님나라 사람들이 이렇게 세상나라 방식으로 사유하며 살고 있습니다. 그러니 가인의 문화와 바벨의 가치관으로 돌아가는 이 세상에서도 크고, 높고, 많은 힘을 달라고 하는 것입니다. 이게 실현되면 하나님의 이름을 높일 수 있다는 것입니다. 이와 같이 잘못 이해된 하나님의 영광이 한국교회에 구석구석 파고 들어와 있습니다.

그래서 어떤 현상이 일어납니까? 목사 아들이 대학에 떨어지면 그 목사는 교회에서 얼굴을 들지 못합니다. 그러면서 하나님께 영광을 돌리지 못한 목사 자녀들까지 죄인이 되고 맙니다. 중직자들도 하나님께 영광 돌리기 위해서 명문대학에 꼭 들어가야 된다고 자녀들에게 강조하고, 그 자녀들도 그런 줄 알고 얼마나 많은 스트레스 속에서 사는지 모릅니다. 교회에 다니는 사람이 취업이 안 되거나 승진을 못하거나 사업이 안 되어서 망하거나 집안에 큰 우환이 생기면, 다들 하나님의 영광을 가렸다며 기가 죽어서 고개 숙인 채 지냅니다. 사회에서는 실패자처럼 지내고, 교회 안에서까지도 하나님의 영광을 가린 몹쓸 사람이 되어 지냅니다. 하지만 그것은 하나님의 영광과는 전혀 상관없는 것입니다. 물론 우리 하나님께서는 세상의 기준으로도 월등히 높은 그런 자리에 성도를 앉히실 수도 있습니다. 충분히 그렇게 하실 수 있는 분이십니다. 그러나 그것은 단지 그 사람을 하나님의 자녀답게 만들어 가는 과정으로 사용될 뿐이지, 그것 자체가 하나님의 영광은 아닙니다.

> 그런즉 너희가 먹든지 마시든지 무엇을 하든지 다 하나님의 영광
> 을 위하여 하라 유대인에게나 헬라인에게나 하나님의 교회에나
> 거치는 자가 되지 말고 나와 같이 모든 일에 모든 사람을 기쁘게
> 하여 자신의 유익을 구하지 아니하고 많은 사람의 유익을 구하여
> 그들로 구원을 받게 하라고전10:31~33

바울의 말들 중에 하나님께 영광을 돌린다는 것이 세상의 높은 자리에 올라야 되고, 돈을 많이 벌어야 하며, 건강해야 된다는 내용은 아

무리 눈 씻고 찾아봐도 없습니다. 하나님께 영광을 돌린다는 것은 그런 것과는 전혀 상관이 없는 일이기 때문입니다.

바울의 주장에 따르면, 하나님께 영광을 돌리는 것은 많은 사람에게 유익한 삶을 주는 것입니다. 그리고 그 유익의 목적은 "그들로 구원을 받게 하라"는 것에 있습니다. **하나님께 영광을 돌리는 일은, 하나님 나라 사람으로서 세상나라에서 불신자에게 도전과 유익을 주어 복음이 잘 받아들여지도록 하는 것입니다. 이 도전과 유익은 어떤 상황에서라도 흔들리지 않고 하나님의 능력으로 늘 기뻐하고 감사하며 거룩을 지켜나가는 삶의 모습을 불신자들에게 보이는 것입니다.**

그렇다면, 어떻게 하나님께 영광을 돌릴 수 있을까요? 그것은 자신이 세상에서 별 내세울 것이 없어도 왕이신 하나님의 은혜 덕분에 그 백성으로서 여전히 기뻐하고 감사하며 성령의 아홉 가지 열매를 맺으면서 근사하게 삶을 살아가는 것입니다. 그럴 때 가인의 문화와 바벨의 가치관으로 사는 불신자들이 이런 성도들의 모습을 보게 되고, 또 관심을 갖고서 이런저런 물음들을 던지게 됩니다.

"넌 대학교에 떨어졌는데도 어떻게 그렇게 기뻐하고 행복할 수가 있니?" "넌 사업이 힘들어 망하기 직전인데도 어떻게 이처럼 감사할 수 있어?" "넌 그런 불치병에 걸려 죽음을 앞두고 있으면서도 어찌 그렇게 담대할 수 있니?"

결국 불신자들은 '어떻게 저런 힘든 상황 속에서 좌절하지 않고 살아갈까? 아니 저런 처지에서도 아무렇지도 않게, 아무 일도 없었다는 듯이 지낼 수 있을까?'라고 생각하며 궁금해 합니다. 이런 생각과 궁금

증 속에서 불신자들은 결국 도전을 받게 됩니다. 그러면서 이런 고백을 합니다. '아하, 하나님이 힘이고 능력이기에 그럴 수가 있구나! 예수 믿는 사람들은 어떤 환경에서도 자유롭고 평안하게 지낼 수 있구나!'라고 말입니다. 이러한 모습과 도전을 통해 하나님나라 사람들은 하나님께서 참 능력이라는 사실을 세상 사람들에게 나타냅니다. 이것이 하나님께 영광을 돌리는 삶입니다.

하나님께 영광을 돌리기 위해서는 높은 자리든 낮은 자리든 아무 상관이 없습니다. 부자이든 가난하든, 건강하든 아프든 아무 상관없습니다. 그분의 영광은 자신이 지금 어떤 위치에 있는지, 얼마만큼 가지고 있는지는 별로 중요하지 않습니다. 아니, 전혀 중요하지 않습니다. 그런데도 우리는 세상나라에서 큰 힘을 가지고 사회적으로 성공하게 되면 하나님께서 더 영광을 받으실 것이라고 속고 있습니다. 하나님께서는 우리가 가진 것으로 영광을 받거나 받지 못하는 그런 분이 결코 아니십니다.

제가 교회 안에서 신앙이 좋다고 인정받고 있는 한 중년 성도에게 이렇게 물어보았습니다. "신앙적으로 수준이 똑같은 청소부와 의사가 있다고 합시다. 이 둘 중에 누가 하나님께 영광을 많이 돌릴 수 있겠습니까?" 이 질문에 그 성도는 잠시의 망설임도 없이 "의사입니다!"라고 대답을 하는 것입니다. 제가 왜냐고 물으니까, "청소부보다 의사가 더 많은 사람들에게 영향을 미칠 수 있고, 훨씬 더 봉사할 수 있는 기회나 사람들에게 유익을 끼칠 수 있는 기회가 많기 때문이죠."라고 말하는 것입니다.

답은 무엇일까요? 둘 다 하나님께 똑같이 영광을 돌릴 수 있다는 것입니다. 왜냐하면 어떤 상황에서도 하나님이 능력이심을 사람들에게 보여주는 것이 왕이 주신 귀한 사명이기 때문입니다.

어떤 청소부는 일을 하면서 자기 자신이 어떤 팔자이기에 이런 허드렛일을 해야 하느냐고 불평합니다. 그러면서 목구멍이 포도청이라 마지못해 한다며 그의 얼굴에는 늘 수심이 가득 차 있습니다. 한편, 동료 그리스도인 청소부는 청소를 하면서도 그 얼굴에 웃음이 가득 차고, 기쁨이 넘치고, 늘 콧노래를 부르면서 일을 합니다. 그에게는 이 일이 왕이신 하나님께서 주신 것이기 때문입니다. 그래서 늘 불평하던 청소부는 이런 모습을 보고서 그 사람이 믿는 하나님의 능력에 도전을 받게 됩니다. '이런 상황에서도 하나님이란 분이 감사와 행복을 주는구나.' 이것이 바로 하나님께 영광을 돌리는 것입니다.

그럼, 신앙 좋은 그리스도인 의사가 그 불평하는 청소부에게 도전을 줄 수 있다고 생각하십니까? 의사는 그 청소부에게 도전을 주기란 매우 힘듭니다. 왜냐하면 청소부에게 있어서 의사는 그저 열등감과 부러움을 줄 뿐이지 이러한 하나님의 능력은 깨닫게 하지 못하기 때문입니다. 도리어 그 청소부는 그 사람이 의사라는 좋은 직업을 가지고 있기 때문에 기뻐하고 행복해 한다고 여길 가능성이 높습니다.

그렇다면 의사들은 어떠합니까? 의사는 생명을 다루는 직업이라 늘 긴장과 스트레스를 받기에 술로 스트레스를 풀기도 하고, 간호사나 환자에게 불친절하게 대하기도 합니다. 그래서 늘 긴장감 속에서 힘들어하고 불평합니다. 하지만 같은 상황에 있는 그리스도인 의사는 왕이신 하나님이 주신 직업이니 늘 성실하게 환자를 돌보고, 의사 생활을 기쁨과 감사함으로 해 나갑니다. 동료 의사들은 자신에게는 없는 그의 모습 속에서 그가 믿고 있는 하나님의 능력을 보게 됩니다. 그가 믿는 하나님의 능력이 이런 힘든 상황에서도 기쁨과 감사와 힘을 주는 것이라고 생각하게 됩니다. 이것이 바로 하나님께 영광을 돌리는 것입니다.

불평하는 의사들에게 영향을 미치는 것은, 사실 신앙 좋은 그리스도인 청소부가 수행하기 힘든 일입니다. 왜냐하면 불평하는 의사는 청소부를 비교대상으로 취급하지 않기 때문입니다. 그래서 그리스도인 의사만이 가능합니다.

그렇습니다. 각자의 상황이 달라도 똑같이 하나님께 영광을 돌릴 수가 있습니다. 그렇다면 무엇입니까? 청소부이든 의사이든 하나님께 영광을 돌리는 데는 전혀 문제가 없다는 것입니다.

하나님께서 어떤 사람에게는 세상나라에서 비교했을 때에 전혀 기죽지 않고, 그 사람들에게 뒤지지 않을 수 있는 위치를 주시는 경우도 있습니다. 세상적으로 지도자의 자리에 두시는 사람도 있습니다. 부러울 만큼 높고 큰 자리를 주시는 사람도 있습니다. 그러나 **어떤 사람은 예수님을 잘 믿지만 세상나라에서 평범하게 사는 경우도 있고, 때론**

가난하고 열악하게 사는 경우도 있습니다.

하지만, 그런 성도가 전혀 주눅 들거나 실망하지 않고 살아갈 수 있는 이유가 있습니다. 그것은 '하나님께 영광 돌리는 것'은 세상의 힘과 전혀 상관이 없기 때문입니다. 성도는 하나님이 자신의 인생의 능력이시기 때문에 세상나라에서 어떤 위치에 있더라도 바로 그 자리에서 기쁨과 감사를 느낍니다. "항상 기뻐하라 쉬지 말고 기도하라 범사에 감사하라 이것이 그리스도 예수 안에서 너희를 향하신 하나님의 뜻이니라"살전5:16~18. 이러한 신앙을 가진 하나님나라 사람들이 세상나라에 많아져서 하나님만이 유일한 능력임을 삶에서 드러내어야 합니다.

이상한 간증이 난무하는 한국교회

성경에서 말하는 성도의 간증 모범은 바울에게서 찾아볼 수 있습니다.

우리가 이 보배를 질그릇에 가졌으니 이는 심히 큰 능력은 하나님께 있고 우리에게 있지 아니함을 알게 하려 함이라 우리가 사방으로 욱여쌈을 당하여도 싸이지 아니하며 답답한 일을 당하여도 낙심하지 아니하며 박해를 받아도 버린 바 되지 아니하며 거꾸러뜨림을 당하여도 망하지 아니하고 우리가 항상 예수의 죽음을 몸에 짊어짐은 예수의 생명이 또한 우리 몸에 나타나게 하려 바울의 간증은 늘 이런 식이었습니다. 자신이 질그릇이긴 하지만, 그 질그릇에 보배가 담겼다는 것입니다. 그래서 자신을 설명할 때 그의 레퍼토리는 이러합니다. '나는 얼마나 힘없고 초라한 질그릇인가'를 말하면서 자신이 가진 것과 경험한 것, 자신의 존재 자체를 얼마나 깎아내리는지 모릅니다. 그래서 바울 속에 있는 보배인 예수님의 빛이 그의 간증에서 가장 빛나게 됩니다.

고린도후서 11장 21절 이하에 보면, 자신의 경험에 대해 다음과 같이 말합니다. 매를 수없이 맞았고, 여러 번 죽을 뻔도 했다고 합니다. 사십에 하나 감한 매를 다섯 번이나 맞았습니다. 태장으로 세 번 맞고, 또 돌에 맞아 죽은 줄 알고 버려지기까지 했습니다. 파선도 당했고, 추위와 굶주림도 경험했습니다. 바울은 왜 이런 것들을 말합니까? 바울 자신이 바로 질그릇이라는 것입니다.

빌립보서 3장 8절에서는 여태껏 바울 자신이 가지고 있던 것을 배설물이라고까지 말합니다. 자기가 얼마나 초라한 질그릇인가를 표현한 것입니다.

하지만, 그는 이런 질그릇에 보배가 들어 있다고 선언합니다. 예수 그리스도가 너무나도 귀하기에 자기 자신은 질그릇밖에 되지 않고 배설물처럼 보입니다. 예수님을 자랑하기 위해 자기의 약함을 자랑합니다. 그래야 참 보배가 되시는 예수님께서 자신을 통해 온전히 드러나기 때문입니다. 이것이 바른 간증입니다.

그런데 우리의 간증은 보배에 대한 것은 없고, 그 보배 때문에 질그릇이 은그릇이나 금그릇으로 바뀐 이야기만으로 채워져 있습니다. 질그릇에 보석 박고, 도금하고, 포장하는 그런 것을 간증하는 교회가 얼마나 많은지 모릅니다. 말씀에 순종했더니 집이 생겼더라, 전도했더니 아들이 명문대에 가더라, 봉사했더니 자녀가 취업되더라, 성경 보고 기도했더니 사업이 부도를 면하더라. 이런 식으로 전부 다 자기 삶의 질그릇이 변한 이야기만 하는 것입니다. 물론 주님께서 필요하시면 우리에게 집도 주시고, 명문대도 보내시고, 취업도 되게 하시고, 사업의 부도도 면하게 하실 수 있습니다. 그런데 때론 그렇게 하지 않으실 수도 있습니다. 왜냐하면 그 질그릇은 별로 중요하지 않기 때문입니다.

그래서 간증을 듣는 사람들에게는 두 가지 현상이 생깁니다. 한 가지는 '난 저렇게 못해!'이고, 또 한 가지는 '복 받으려면 신앙생활 잘해야겠구나!' 하는 것입니다. 어떤 경우이든 하나님의 능력의 위대함은 어디론가 다 사라져 버린 것입니다.

그렇다면, 우리의 간증은 어떠해야 합니까? 우리 속에 있는 보배이신 예수님에 대해서 말해야 합니다. 그 보배가 너무나도 소중하고 능력이 있어서 질그릇이 이리저리 처박혀도 그것 때문에 귀하게 쓰임을 받는다고 말해야 합니다. 성도가 세상나라에서 비록 힘이 없어도 자신이 믿는 주님이 보배이기에 좌절하지 않고 감사할 수 있음을 간증하는 것이 참된 것입니다.

여기까지 읽어오면서 여러분들 마음속에 한 가지 떠오르는 단어가 있을 것입니다. **그것은 바로 '자유'입니다.** 성도는 세상나라에 살지만 힘을 추구하지 않기에 자유하며 살 수 있습니다. **왜냐하면 하나님나라** **사람들은** 어떠한 상황에 처하더라도 문제가 되지 않기 때문입니다. 그것은 하나님의 능력을 나타내고 영광을 돌리는 데 아무런 방해를 받지 않기 때문입니다.

이것이 자유가 아니겠습니까? 세상나라에서 힘을 추구하지 않아도 전혀 조급할 것이 없고, 당당하며, 기뻐하고, 감사할 수 있는 것, 이것이야말로 참 자유입니다.

Chapter 3

성도들이여 비교하지 말라

불공평한 세상나라

비교의식을 만드는 세상나라

비교의식을 부추기는 한국교회

달란트의식으로 비교의식에서 자유하라

비교의식에서 달란트의식으로의 전환

'달란트 따먹기' 하는 성도

달란트를 누려 자유하라

같은 비전 다양한 꿈

환경의 달란트의식_지금의 삶을 의미 있게 하는 달란트의식

일(Work)에서 환경(Situation)으로의 달란트의식 확장

현재 처한 환경이 '자기 체질'

달란트는 '항상 복(福)'

힘의 논리로 움직이는 사회에서 살고 있는 사람들은 자연스럽게 상대방에 대해서 생각하지 않을 수가 없습니다. 자기보다 힘 있는 자를 보면 그 사람보다 더 큰 힘을 가지려 합니다. 반대로, 자기보다 힘이 없는 자에 대해서는 자신을 추월하지 못하도록 늘 견제하며 살아야 되는 상황에 놓입니다. 그래서 세상나라 사람들은 항상 비교의식에 사로잡혀 죽을 때까지 벗어나지 못합니다. 이런 의식은 상대방과 비교해서 자신이 더 힘이 있다고 여겨지면 우월감을 갖습니다. 반대로, 자신의 힘이 부족하다고 생각되면 열등감으로 바뀌어서 끊임없이 자신을 괴롭히며 건강한 삶을 영위할 수 없도록 만듭니다.

그렇다면, 세상나라의 가치관과 문화 때문에 열등감으로 좌절하고, 우월감으로 교만해지는 이 문제를 어떻게 해결하여 자유할 수 있을까요?

비교의식은 사탄이 우리를 공격하는 아주 비중 있는 전략입니다. 사탄은 이 비교의식을 가지고 세상에서 사람들을 조종하고 있습니다. 그래서 세상나라는 열등감으로 스스로에게 자괴감을 느끼게 하고, 우월감으로 남을 무시하게 합니다. 이 두 가지는 현상이 다를 뿐이지 그 뿌리는 똑같습니다. 그런데 사실 가인의 문화가 깊게 뿌리 내려진 이 사회에서는 비교의식으로 인한 부작용을 막을 방법이 없습니다. 그러나 하나님나라의 문화는 이와 완전히 반대입니다. 성도들은 하나님나라의 문화와 삶의 방식을 통해 이 비교의식에서 벗어나고, 우월감과 열등감에서 자유하며 살 수 있습니다.

세상나라 문화에서 비교의식이 자연스럽게 생기듯이, 하나님나라 문화에서는 '달란트의식'이 생겨납니다. 비교의식은 사람을 우월감과 열등감으로 인해 파괴시킵니다. 하지만, 달란트의식은 남과 비교할 필요가 없이 자신에게 주어진 일을 감당할 수 있기에 자유함으로 하나님께 감사와 영광을 돌리는 삶을 살게 합니다.

불공평한 세상나라

비교의식을 만드는 세상나라

우리는 태어날 때부터 다른 환경에서 자랍니다. 태어날 때부터 자신에게 주어진 외적인 것과 내적인 조건이 다르다는 것입니다.

유튜브에 떠도는 재미있는 동영상을 보았습니다. 사교육 재벌이라고 불리는 메가스터디 손주은 선생님이 학생들 앞에서 '공부 잘하는 법'에 대한 강의를 하고 있었습니다. 그런데 공부 잘하는 학생들의 특징을 이야기하는 첫 말이 이러했습니다.

"공부를 잘하는 것과 못하는 것을 결정하는 것이 주로 끈기, 노력, 정신력, 이러한 것들을 가지고 이야기를 많이 하는데, 여기서부터 잘못 알고 있는 것이다. 공부를 잘하고 못하고를 결정짓는 가장 중요한 요인은 유전자다! (학생들 박장대소! 그러나 더 진지해지는 선생님) 학업의 80%가 여기에서 결정 난다. 이런 면에서 우린 솔직하지 않다. 노력하면 다 잘할 수 있다? 이건 새빨간 거짓말이다! 아무리 노력해도 절대로 안 되는 두뇌가 있고, 어떤 두뇌는 조금만 노력해도 엄청난 발전이 있다. 주위를 봐봐. 어떤 집안은 모든 식구가 다 명문대다. 그러나 어떤 집안은 전부 다 대학하고는 다르게 놀아! 먼저 이걸 인정해야 된다!"

제가 이 강의를 보면서 얼마나 웃었는지 모릅니다. 그러나 그 선생님의 말을 인정하지 않을 수가 없었습니다. 왜냐하면 정말로 그것은 사실이거든요. 공부 쪽 머리가 있고, 다른 쪽 머리가 있습니다. 물론 노력하면 되죠. 그런데 그 출발점이 다른 것입니다. 타고난 두뇌가 다르기 때문입니다.

세상에 불공평한 것이 이런 것만 있습니까? 아닙니다. 이런 예들은 세상에 수도 없이 널려 있습니다. 어떤 인생은 태어날 때부터 재벌가의 자녀로서 모든 사람들의 기대와 축복 속에 태어나는 인생이 있습니다. 그러나 어떤 인생은 첫 출발부터 비참합니다.

제가 인도 단기선교를 갔을 때의 일입니다. 한 슬럼가를 돌고 있는데 여자의 비명소리가 담장 뒤편에서 들리는 것입니다. 급히 그곳으로 가 보았더니 산모가 맨바닥에서 혼자 아기를 낳고 있었습니다. 한참을 신음하더니 그렇게 아기를 낳고선 남루한 포대기에 싼 뒤 젖을 물리는 것이었습니다.

재벌가와 맨바닥 인생, 전혀 다른 삶의 출발! 어떻게 이런 상황에서 노력이라는 것, 열심이라는 것, 이런 것으로 인생역전이라는 것이 쉽게 나올 수 있겠습니까? 이런 전혀 다른 환경에서 시작된 인생이 과연 공평한 것입니까? 이렇게 출발점부터 다른 데, 어떻게 인생이 똑같습니까? 절대 그렇지 않습니다.

인생에는 얼마나 불공평한 것이 많은지 모릅니다. 절대로 세상나라

는 공평하지 않습니다. 이 공평하지 않은 곳에서는 비교의식이 생겨
나고, 이로 인해 모든 사람들은 우월과 열등 사이에서 참 기쁨 없이 살
수밖에 없습니다. 그런데 더 큰 문제는 성도들도 불공평한 현실이 주
는 비교의식 때문에 그리스도인으로서의 사명을 다하며 살지 못하고
있다는 것입니다.

비교의식을 부추기는 한국교회

한국교회는 비교의식에 대한 부분을 성경적인 하나님나라의 가치
관으로 교육하지 못하는 실정입니다. 교회에서조차도 불공평한 세상
이 주는 비교의식에서 벗어나게 하는 것이 아니라, 도리어 세상에서
우월한 존재가 되어야 한다고 성도들을 부추기고 있습니다.

> 여호와께서 너를 머리가 되고 꼬리가 되지 않게 하시며 위에만 있
> 고 아래에 있지 않게 하시리니 오직 너는 내가 오늘 네게 명령하
> 는 네 하나님 여호와의 명령을 듣고 지켜 행하며신28:13

우리 한국교회는 신명기의 이 말씀을 인용하며 얼마나 잘못된 세상
나라 방식의 가치관을 세뇌시켰는지 모릅니다. 사실 "머리가 되고 꼬
리가 되지 않게 하시며"라는 이 구절의 '머리'와 '꼬리'는 가인의 문화
에서 말하는 것과는 다릅니다. 이것은 세상나라가 추구하는 물질만능

주의, 외모지상주의, 성공주의 등 이런 가치관들 속에서 그리스도인도 한 부분을 차지해야 한다는 의미의 말씀이 결코 아닙니다.

위 말씀은 부분적으로 해석할 것이 아니라 신명기 28장의 전체 배경을 두고 살펴보아야 합니다. 28장은 이스라엘 백성들이 가나안에 들어가기 전에 하나님의 백성으로서 어떻게 살아야 되는지를 설명하는 부분입니다. 순종하면 어떤 복을 얻고, 불순종하면 어떤 저주를 받는가를 설명합니다. 그런데 여기서 말하는 복과 저주는 세상의 성공과 실패의 문제가 아니라, 하나님이 원하시는 높은 수준의 성도로 끌어올리겠다는 하나님의 의지를 말하는 것입니다.

그래서 여기에서 머리가 되고 꼬리가 되게 하지 않겠다는 말씀은 세상에서 떵떵거리며 살 수 있도록 해 주시겠다는 것이 아니라, 열방의 선지자 나라로서 그 사명을 다하도록 해 주시겠다는 의미입니다. 다시 말해, 우리 성도들이 세상에 물들지 않고, 거룩을 지키며, 하나님의 영광을 위해 살도록 하시겠다는 약속입니다. 이런 맥락에서 '머리'가 되게 하신다는 뜻입니다. 그런데 한국교회는 이 말씀을 문자적으로만 해석하여 성도라면 세상에서 우월한 존재가 되어야 한다고 강조하고 있습니다.

생각해 보시길 바랍니다. 만약 사자가 꼬리가 없고 머리만 있으면 어떻게 됩니까? 사자가 아니라 괴물이 되는 것입니다. 사자라면 머리 하나에, 몸통 하나, 다리 네 개, 꼬리 하나, 이렇게 되어야 됩니다. 그런데 머리와 꼬리를 비교하면서 다들 머리만 되려고 합니다. 그러다 보니 머리는 한 세 개쯤 되고, 다리는 하나에 꼬리는 없는 이상한 괴물을 만들고 있는 지경입니다.

이런 교육을 지금 한국교회에서 실행하고 있는 셈입니다. 머리는 생각이라는 것을 하면서 자기 역할을 잘 하고, 꼬리는 달릴 때 균형을 잡아주는 역할을 하면 됩니다. 다리는 잘 걸으면 되고, 몸통은 몸통으로서 자신의 역할을 하면 됩니다. 이들은 서로 비교할 대상이 아닙니다. 그런데 자신이 꼬리인데 꼬리가 싫다고 머리에 가서 붙고, 자신이 다린데 머리가 하는 일이 멋져 보인다고 머리에 가서 붙으면 어떻게 되겠습니까?

우리 몸을 생각해 봅시다. 자신이 배라고 칩시다. 그럼 무얼 해야 합니까? 예! 성인병에 안 걸리도록 해야 됩니다. 뱃살을 빼야 합니다. 그런데 왜 뱃살을 빼지 않고, 수학문제를 풀려고 합니까? 왜 머리처럼 행동하려고 합니까? 또, 자신이 대장이라고 해 봅시다. 그럼 황금빛 나는 대변을 잘 만들어서 밖으로 내보내면 됩니다. 그런데 그 대장이 똥은 더럽다고 피가 중요하다고 여겨 피를 가지고 있으면 어떻게 됩니까? 당장 병원엘 가야 됩니다. 심하면 죽습니다. 대장은 대변을 건강하게 잘 만들어내는 것이 가장 중요합니다.

그래서 중요한 것은, 우리 중에는 머리도 있지만 꼬리도 많다는 것을 생각해야 한다는 것입니다. 다리는 더 많습니다. 그런데 꼬리가 머리가 되려 한다면 문제가 생기고 사달이 나고 맙니다.

한국교회가 성도들에게 이런 가인의 가치관에 물든 비교의식을 성도들에게 심어줍니다. 그러면서 성도라면 마땅히 세상에서 우월한 자가 되어야 한다고 강조합니다. 특히 청년들을 향해 "왜 머리가 되지 못하느냐?"라거나 "꼬리는 하나님께 영광 돌리지 못한다"라고 하면서 몰아붙이는 경우가 많습니다. 불공평한 세상나라에서 비교의식으로 인해 이리저리 치이며 사는데, 교회에서까지 이러한 말씀을 가지고 몰아붙이니, 마냥 힘들 수밖에 없습니다.

'1등 하라고, 지방대가 뭐냐고, 아직도 포장마차냐고, 언제 체인점을 열거냐고, 왜 승진이 안 되냐고, 교사면 빨리 교장 되고 교수면 빨리 총장이 되어야지 평교사나 평교수가 뭐냐고, 꿈도 비전도 없냐고……', 그래서 결국은 어디로까지 몰고 갑니까? '네가 세상나라에서 이렇게 열등하게 된 것은 죄가 많거나, 아니면 기도하지 않고 성경 읽지 않아서 그렇게 되었다'고 다그치는 자리까지 이르게 됩니다. 예배만 드리러 오면 심령이 총 맞은 것처럼 되는 것입니다. 그것도 모자라 교회는 세상에서 낙오한 '꼬리 성도들'을 모아 어떻게 합니까? 이른바 '머리 만들기 집중 세미나'까지 열어서 밀어붙입니다. 머리가 될 수 있는 복이 든 성경구절예를 들면, 대상4:10; 막9:23; 요15:7; 히4:16; 요삼3:1~2 등을 다 뽑아서 그것으로 설교자가 성도들을 때리는 것입니다. 그것만 합니까? 소위 '머리 성도들'을 각처에서 불러 모아 간증하게 함으로써 또한 번 성도들의 기를 죽입니다.

제가 실천신학 분야를 공부할 때, 리더십 관련 과목을 수강한 적이 있었습니다. 그런데 연구를 하다 보니 리더십에 관한 책들이 아주 많이 출판되어 있는 것을 알게 되었습니다. 사실 세상나라에서는 리더가 되기 위한 책들이 많을 수밖에 없습니다. 왜냐하면 다 머리될 생각밖에 없기 때문입니다. 하지만 기독교계에서도 리더십에 관한 책이 일반

서적과 비교했을 때 절대 뒤지지 않을 만큼 많이 출판되고 있었습니다. 리더십지도자 책들이 있다면, 사실은 팔로우십따르는 자 책들은 훨씬 더 많아야 됩니다. 이것이 성경적입니다. 머리보다 다른 지체가 더 많고, 책을 보는 독자들 중에는 리더보다 팔로우가 월등하게 많기 때문입니다. 그러나 수치상으로 보면, 비교도 되지 않을 만큼 리더십 책보다 팔로우십 책이 적습니다. 이것이 바로 세상나라 가치관에 물든 한국 기독교의 현주소이고, 비교의식을 부추긴 한국교회의 결과입니다.

달란트의식으로 비교의식에서 자유하라

또 어떤 사람이 타국에 갈 때 그 종들을 불러 자기 소유를 맡김과
같으니 각각 그 재능대로 한 사람에게는 금 다섯 달란트를, 한 사
람에게는 두 달란트를, 한 사람에게는 한 달란트를 주고 떠났더
니……마25:14~30

비교의식에서 달란트의식으로의 전환

성경에 나오는 하나님나라 비유 중에 '달란트 비유'가 있습니다. 마
태복음 25장에 나타난 달란트 비유는 세상나라의 가치관을 개혁하고
바꾸기에 충분한 말씀입니다.

사실 저는 이 달란트 비유를 통해 하나님나라의 원리를 깨달으면서
엄청난 자유를 얻었습니다. **좀 과장해서 말하자면, 세상에 사는 동안
일어나는 문제의 절반 이상이 이 달란트 비유로 해결될 수 있을 것처
럼 여겨집니다.** 지금도 저는 이 달란트 비유를 통해서 많은 자유함을
누리고 있고, 이전과 다른 행복한 신앙생활을 하고 있습니다.

달란트 비유 첫 부분을 봅시다. 주인이 종들에게 달란트를 나누어
주는 것을 볼 수 있습니다. '그 재능대로' 금 다섯 달란트, 두 달란트,

한 달란트를 각각 주었다고 말합니다. 주인은 하인들에게 똑같은 양의 달란트를 주지 않았습니다. 하나님나라 사람들에게도 주인이신 주님께서 그렇게 구별되게 주셨습니다. **어떤 이는 다섯 달란트, 어떤 이는 두 달란트, 또 어떤 이는 한 달란트. 세상나라의 불공평한 환경이 하나님나라에서도 동일하게 주어지는 것을 볼 수 있습니다.**

비유적으로 이렇게 생각해 봅시다.

한 나무를 잘랐습니다. 그 나무의 주인이 잘린 나뭇조각을 여러 공장으로 보냈습니다. 각각의 공장으로 보내진 나무들은 다양한 모습으로 새롭게 만들어졌는데, 어떤 것은 공예작품으로, 어떤 것은 책으로, 어떤 것은 책상으로, 어떤 것은 나무젓가락으로, 어떤 것은 이쑤시개로 만들어졌습니다. 그 나뭇조각들은 각각 필요한 곳에 사용되었습니다.

그런데 그중에 이쑤시개가 이러는 것입니다. "하나님! 하필이면 그 많고 많은 것 중에 이쑤시개가 뭡니까? 전 이게 너무 싫습니다! 정말 이해되지 않고 속상합니다. 만약 저를 공예작품으로 만들어 주셨다면, 제가 번 돈을 주를 위해 다 헌금했을 것입니다. 하나님! 전 왜 이 세상에서 이런 초라한 이쑤시개입니까?"라며 힘들어하는 것입니다. 그러나 하나님은 이쑤시개는 이쑤시개대로, 공예작품은 공예작품대로 귀하고 가치가 있다고 하십니다. 이 모든 것이 하나님나라에 필요한 것이라고 합니다.

하지만 세상나라는 가인의 문화에서의 힘의 논리로 보기 때문에 이쑤시개와 공예작품을 차별하여 대우합니다. 이런 이유로 우리 그리스도인들조차도 자신의 모습을 있는 그대로 받아들이지 못한 채 열등감과 우월감에 빠져 비교의식으로 힘들어하고 있습니다. 이것이 세상나라의 가치관과 문화에 침식되어 있는 성도의 모습입니다.

- 엄기영 목사 강의 참조

이 달란트에 대한 부분을 세상식으로 여겨 비교의식에 사로잡히면, 우린 늘 이렇게 고백하게 됩니다. "하나님! 저 친구는 왜 다섯 달란트이고, 왜 저는 한 달란트입니까? 만약 저에게 다섯 달란트를 주시면, 제가 네 달란트는 남에게 나누어주면서 살겠습니다! 그러니까 주님, 꼭 그렇게 해 주십시오. 주님, 정 안되시면 세 달란트만 주십시오. 그것도 안 되면, 한 달란트만이라도 더 얹어주시면 안 되겠습니까?" 이것이 우리의 신앙생활에서 큰 기도제목을 차지하는 게 현실입니다.

비교의식과 달란트의식 둘 다 '다름'에서 오기 때문에 겉으로 보이는 현상은 비슷하다고 생각할 수 있습니다. 그러나 세상의 비교의식과 하나님나라의 달란트의식은 완전히 다른 결과를 냅니다.

비교의식이 생기는 근본적인 원인은 자신이 아무리 열심히 해도 자기에게 주어진 달란트로 인해 결과가 다르게 나타난다고 생각하기 때문입니다. 다시 말해서, 비교의식으로 사는 사람들은 자기가 많은 달란트를 가지고 있으면 좋은 결과를 맺는다고 여기며, 적은 달란트를 가지고 있으면 나쁜 결과를 맺을 수밖에 없다고 여깁니다. 첫 출발부터 다르게 주어진 달란트를 보며 불공평하다고 생각하게 되고, 결국 비교의식에 빠지게 됩니다.

하지만 달란트의식은 자기에게 주어진 달란트 안에서 열심을 다하면 그 결과의 차이가 어떠하든지 똑같이 여기는 것입니다. 얼마를 받았느냐가 아니라, 그 받은 달란트를 어떻게 사용했느냐가 중요합니다. **그러니 이 달란트의식으로 보는 하나님나라에서는 그 받은 달란트의 양과는 상관없는 삶을 영위하기 때문에, 정말 출발부터가 공평해집니다.** 그 재능대로 허락하셨기에, 그 재능대로 사용하기만 하면 됩니다.

성경을 보면, 다섯 달란트 받은 자가 또 다섯 달란트를 남길 때 주인에게 이런 말을 듣습니다.

그 주인이 이르되 잘 하였도다 착하고 충성된 종아 네가 적은 일에 충성하였으매 내가 많은 것을 네게 맡기리니 네 주인의 즐거움에 참여할지어다마25:21

그리고 두 달란트를 받은 자가 또 두 달란트를 남길 때 주인에게 이런 말을 듣습니다.

그 주인이 이르되 잘 하였도다 착하고 충성된 종아 네가 적은 일에 충성하였으매 내가 많은 것을 네게 맡기리니 네 주인의 즐거움에 참여할지어다마25:23

이 두 말씀이 어떻습니까? 다섯 달란트를 받은 종이 다섯 달란트를 다시 남긴 것과 두 달란트를 받은 종이 두 달란트를 남긴 것에 대해 **그것을 결산하는 주인의 말은 똑같습니다.**

세상나라의 가인의 문화권에서는 다섯 달란트와 두 달란트가 서로 다릅니다. 다섯 달란트 가진 자가 더 강자가 됩니다. 약육강식, 적자생존의 원리가 시퍼렇게 살아있는 가인과 바벨의 문화에서는 다섯과 둘과 하나는 엄청난 차이입니다. **하지만 하나님나라에서는 똑같습니다. 전혀 다르지 않습니다. 그 재능대로 착하게**정직하게, **충성되게**성실하게, **그의 달란트대로 그에 맞는 이윤을 내었으면 똑같이 평가됩니다.**

하나님나라에서 왕이 주시는 달란트는 이러합니다. 성도는 비교의식이 판을 치는 세상나라에 살지만 주님께서 주신 달란트의식으로 자유하며 살 수 있습니다. 그러기에 우리는 하나님으로부터 받은 달란트가 어떠하든지 공평하게 평가해 주시는 그분으로 인해 감사하고 기뻐하면서 근사하게 성령의 열매를 맺으며 살아갈 수 있습니다.

'달란트 따먹기' 하는 성도

세상나라는 등수와 결과에 따라 구분하고, 상하의 개념을 내세우고, 우등과 열등의 관점에서 달란트를 봅니다. 그러나 하나님나라에서는 똑같이 봅니다. **왜냐하면 하나님께서 그렇게 달란트를 구분해 주셨고, 그 결과를 평가하는 분도 하나님이시기 때문입니다.** 그래서 한 달란트 받은 사람은 다섯 달란트를 받으려고 해선 안 됩니다. 만약 그렇게 한다면 곧 자신에게 실망하고 절망하게 되어 있습니다. 한 달란트를 받은 것에 만족하고, 그 일에 열심을 내고, 기쁨과 감사를 누리면서 생활하는 것이 착하고 충성된 종의 역할을 감당하는 것입니다.

그러나 이 달란트의식이 없는 불신자들은 자신의 달란트를 절대 수긍하지 못합니다. 절대 만족하지 않습니다. 왜냐하면 자신이 받은 달란트는 바로 우월감과 열등감을 만들기 때문입니다.

그런데 문제는 하나님나라의 사람들도 자신의 달란트에 만족하지 못하고 있다는 것입니다. 그래서 서로 간에 받은 달란트대로 열심을 내는 것이 아니라, '달란트 따먹기'를 합니다. 한 달란트에 만족하지 못합니다. 세상이 그러니까요. 그래서 **한 달란트 받았으면 그 안에서 이윤을 내는 것이 아니라, 더 많은 달란트를 받아내려고 죽을지 살지 모르고 달려갑니다.** 그렇기 때문에 지금 받은 달란트에 만족이 없고, 지금 자신의 삶에 만족이 없습니다. 삶의 여유가 없고, 감사도 찾아볼 수 없습니다. 그렇다면, 한 달란트 받은 사람이 다섯 달란트를 받으면 만족할까요? 절대 그렇지 않습니다. 또 다시 열 달란트 따먹으려고 난리가 날 것입니다. 그것 따먹는다고 정신이 없을 것입니다.

제가 만약 한 직장에서 과장이라는 달란트를 받았다고 합시다. 그런데 그것을 인정하지 않고 직장을 다니면서 계속 부장, 사장에만 욕심을 내기 시작한다면, 전 일을 하면서도 늘 불만과 염려 속에서 불행한 직장 생활을 할 것입니다. 달란트 따먹는 데 정신이 팔리면 과장으로서 일 하나하나에 정성을 쏟지 못하게 될 뿐만 아니라, 직장 상사에게는 존경이 아닌 아부를 하게 되고, 자기 부하들에게는 가르치는 것이 아니라 함부로 대하게 됩니다. 자신의 달란트 갱신달란트 따먹기을 위해 자신의 동료들을 이용하게 되는 것입니다.

많은 그리스도인들이 자기가 있는 그 자리에서 만족하지 못한 채 수단과 방법을 가리지 않고 승진하려고 노력을 합니다. 자기가 받을 달란트는 더 많을 것이라 여깁니다. 자신은 과장으로 마무리할 인생이 아니라는 것입니다. 그래서 늘 마음속으로는 다른 자리만 기웃거리며 자신에게 주어진 일에는 최선을 다하지도 못하고, 함께 일하는 동료들에게는 관심도 주지 않습니다. 이렇게 달란트를 바꿔 따먹으려니까 직장 생활에 기쁨이 없고 행복을 찾을 수도 없습니다.

이런 사람들은 직장생활을 열심히 하면서도 늘 초조하고 불안하고 공허하게 됩니다. 왜냐하면 자신은 지금 당장 부장이 되어야 하고, 사장이 되어야 하는 사람이라고 여기기 때문입니다.

하나님나라의 달란트는 그것이 아닙니다.

달란트의식을 품고서 과장으로서 직장생활을 성실하게 기쁨으로 하면 됩니다. 그러다가 만년 과장으로 끝낼 수도 있습니다. 그러나 만약 부장이 되면, 그건 자기에게 부장의 달란트가 또 주어진 것입니다. 그럼, 그 위치에서 성실하게 성도로서 일하면 됩니다.

우리에게도 하나님께서 주신 달란트가 있습니다. 그것의 기준을 세상나라의 비교의식을 통해 높고 낮음, 크고 작음, 강함과 약함에 두어 달란트 따먹기에 정신이 팔리면 불행할 수밖에 없습니다. 우월감으로 교만하게 되고, 열등감으로 패배의식에서 벗어날 수가 없게 됩니다.

대학 도서관에 한번 가 보십시오. 지금의 대학교는 완전히 취업 준비장으로 바뀌어 버렸습니다. 이런 나라가 어디 있습니까? 뿐만 아니라 취업을 준비하는 대학생 대부분이 공무원 시험, 임용 고시, 대기업 취업 준비만 하고 있습니다. 이런 모습이 이상하지 않습니까? 세상나라는 그럴 수도 있습니다. 이곳들이 다 세상에서 힘을 얻기에 용이한 곳이니까요. 그래서 머리를 싸매고 노력하는 것입니다. 그런데 문제는 예수 믿는 사람도 그렇게 한다는 것입니다. 물론 자기 달란트가 이런 것이면 당연히 도전해야 합니다. 하지만, 단지 큰 것, 많은 것, 높은 것만 따먹으려고 그렇게 한다면, 이는 크게 잘못된 것입니다.

이것은 하나님나라 사람들의 모습이 아닙니다. 절대 성경적이지도 않습니다. 모두가 대기업 사원, 교사, 공무원이 아닌 것은 그 영역에서만 그리스도인을 필요로 하는 것이 아니기 때문입니다. 그곳에서도 그리스도인이 필요하지만, 공장에서도, 중소기업에서도, 청소나, 경비나, 알바나, 다른 여러 직종에서도 동일하게 필요합니다. 그래야만 세상 곳곳이 하나님나라 사람들로 인해 밝아지기 때문입니다. 모든 곳에 주의 사랑과 주의 복음이 필요하고 그리스도인의 섬김과 영적 싸움이 필요하기 때문입니다. 그래서 그리스도인은 반드시 자기 달란트대로 살아야 합니다. 곳곳에 하나님나라 사람들이 필요하기에 하나님께서는

각자에게 달란트를 다양하게 주셨습니다. 이런 이유 때문에 하나님나라 사람들은 달란트 따먹기를 하지 않습니다. 그저 왕이신 하나님께서 주신 일을 기뻐하고 감사하기에 열심과 최선을 다하면 됩니다.

그렇다면 주님께서 우리에게 주신 사명은 무엇입니까? 그것은 바로 자신에게 주어진 달란트를 활용한 세상 가치관과의 싸움입니다. 성도가 해야 할 진정한 싸움은 달란트 따먹기가 아니라 **자신의 달란트 안에서 하나님의 능력을 보여주는 것입니다.** 그곳에서 하나님나라 사람으로서 하나님께서 자신의 능력과 힘이 되심을 누려야 합니다. 그렇게 될 때, 그는 착하고 충성된 종이 되고, 하나님께 인정받게 되어 영광을 돌립니다.

이것이 하나님나라의 사람들로 사는 우리의 비전입니다.

<세상나라의 가치관에 물든 그리스도인>힘을 추구: 크고, 높고, 많고

한 달란트
의사
교수
포장마차
중소기업

달란트 **따먹기**

다섯 달란트
병원장
총장
식당 체인점
대기업

달란트를 누려 자유하라

세상나라의 비교의식에서 달란트의식으로 점점 바뀌어 가면서 저 스스로 놀라운 역사를 보게 되었습니다. 그것은 비교의식에서 파생되어 나오는 우월감과 열등감에서 자유할 수 있게 된 것입니다.

달란트의식으로 제 자신이 조금씩 변화됨을 경험하면서 많은 부분에서 자유할 수 있게 되었습니다. 이것을 깨달으니 특히 자녀를 키우는 부분에서 많은 문제가 해결되는 것을 경험했습니다. 굉장히 편안한 가운데 부모가 자녀를 교육할 수 있게 됩니다. 왜냐하면 **부모로서 자녀가 가진 달란트를 발견하면서 잘 할 수 있도록 응원하면 되기 때문입니다.**

첫째 아들이 초등학생 때입니다. 학교에서 가르치는 과목에는 별 흥미를 가지지 못했습니다. 국어나 수학을 다른 또래보다 잘 못하는 것입니다. 물론 이제 겨우 9살이라 판단하기는 이르지만 그쪽으로는 달란트가 별로 없는 것 같았습니다. 그런데 두 살 적은 동생은 첫째보다 말도 정확하고, 표현력도 좋고, 글을 깨우치는 속도도 빨랐습니다. 동생의 학적인 이해력이 눈에 띄게 더 좋았습니다.

처음에 이것이 비교되면서 얼마나 속이 상했는지 모릅니다. 아이도 힘들어하고 가르치는 엄마도 동생이랑 비교해서 스트레스를 받곤 했습니다.

그런데 이 달란트에 대한 비밀을 깨닫게 되면서 아들을 볼 때 다른 것이 보이기 시작했습니다. 첫째 아들은 영적인 질문을 어릴 때부터 많이 했습니다. 6살 때에는 "왜 선악과를 하나님이 만드셨어요? 안 만들었다면 죄가 없을 거잖아요?"와 같은 질문을 던졌습니다. 얼마나 대단한 질문입니까. 이것은 적어도 청소년부 때 하는 질문입니다. 그런데 6살에 벌써 이런 질문을 했던 것입니다. 제가 볼 때에 참 대단했습니다. 그때부터 아들이 목사 달란트를 가진 아이로 보이기 시작했습니다. '조금 글을 늦게 읽으면 어때. 영적으로 벌써 이렇게 민감한데……' 부모인 제 눈에는 이 부분에서 아들이 가진 달란트가 탁월하게 보이기 시작했습니다.

달란트의식으로 아들을 보니, 나중에 아들이 목사가 되려고 하면 그렇게 되도록 도와줄 것이고, 또 다른 부분에서 달란트가 발견되면 그것을 개발시키면 되는 것입니다. 그래서 아들을 학교에 보내지 않고 대신 '바이블 스쿨'을 집에서 시작했습니다. 나중에 사역자가 되려면 말씀을 많이 배우는 것이 중요하다고 생각했기 때문입니다. 홈스쿨을 시작하면서 초등학생 아들은 성경을 구절씩 외우는 것이 아니라 권씩 외우기 시작했습니다. 로마서, 요한복음, 빌립보서, 에베소서 등 성경을 통째로 외우게 되었습니다.

이제 저는 부모로서 너무 자유하고 있습니다. 아이를 키우는데 얼마나 편하고 감사한지 모릅니다. 그런데 이 달란트의식을 모르거나 알아도 받아들이지 못하면, 그때부터 자녀를 바라보는 부모의 인생은 복잡하고 힘들게 됩니다.

많은 사람들이 성도임에도 불구하고 자신의 아이가 다른 아이들과 비교해서 뒤처지게 되면 어찌할 바를 모르고 힘들어합니다. 그래서 아이들이 스트레스를 받는 것에는 신경을 쓰지도 않은 채, 달란트와는 상관없이 무조건 성적을 높이려고 힘을 다 쏟습니다. 부모의 비교의식이 결국 자식에게까지 대물림이 되는 것입니다.

세상의 기준으로 볼 때, 자기 자녀가 한 달란트를 가졌습니까? 그럼 자기 달란트에 맞게 자라도록 세워 가면 됩니다. 안 되는 공부, 안 되는 머리, 이것을 계속 짜내려고 아이를 달달 볶을 필요가 없습니다. 그냥 그 능력만큼 격려하면서 키우면 됩니다. 얼마나 편하고 얼마나 감사합니까? **그러나 이 달란트의식이 없으면, 부모는 자기 자녀를 보면서 전교 1등이 될 때까지 만족할 수가 없습니다. 자녀가 대학에만 가면 괜찮습니까? 아닙니다. 또 좋은 곳에 취업해야만 됩니다. 취업만 하면 되는 것입니까? 직장에서 또 승진해야 합니다. 달란트의식이 없으면, 부모로서 자녀를 두고 이렇게 평생 비교의식에 시달리면서 세월을 보내게**

됩니다.

만약 자신이 포장마차를 하면서 가게를 꾸려야 될 달란트이면 그것에 만족하고 감사하면서 살아가면 됩니다. 그런데 포장마차를 해야 될 달란트로 큰 음식점, 아니 큰 체인 음식점만을 바라보면서 부러워하면 그때부터 불행하게 됩니다. 그 체인 음식점이 될 때까지, 어쩌면 죽을 때까지 음식점 크기 때문에 자기와 세상에 대하여 원망합니다. 실패한 인생이라 생각하며 열등감에 사로잡혀 행복 없이 살게 됩니다. 지방대 갈 달란트가 늘 명문대학 타령만 하면 문제가 됩니다. 지금 다니고 있는 대학에서 열심을 내어 하나님의 자녀로서 살아가면 됩니다. 왕의 자녀로서 하나님께 영광 돌리며 열심히 준비하고 감사하며 즐기면 됩니다. 이것이 올바른 달란트의식으로 자유를 누리는 것입니다.

학생은 학생으로서 자신의 학업과 실력에 맞게 대학에 들어가면 됩니다. 자신이 열심을 다하고 마음을 드려 준비했다면, 그 준비에 맞게 자신의 것을 살려서 일하면 됩니다. 부모는 자녀의 달란트를 잘 발견하여 그 달란트대로 할 수 있도록 용기를 주고 힘을 주면 됩니다. 자녀가 어릴 때부터 비교의식에 눌려 지내지 않게 하는 것이 부모의 역할입니다.

성도로서 하나님을 왕으로 모시고, 주어진 달란트대로 자신이 할 수 있는 만큼 합시다. 하나님을 의지하여 자신에게 주어진 달란트를 감사하면서 하나씩 이루어 갑시다. 여기에 참 감사와 참 평안과 참 자유가 있습니다.

같은 비전 다양한 꿈

여기서 중요한 한 가지를 짚고 넘어가야 할 필요가 있습니다. 자기의 달란트가 무엇인가를 확인하는 것입니다. 그런데 문제는 달란트를 발견하고 확인하는 과정조차도 우린 세상나라의 비교의식에 사로잡혀 있다는 것입니다. 그래서 달란트가 무엇이냐고 물으면 다들 하는 말이 이렇습니다. "목사님, 전 잘하는 것이 없는 것 같습니다. 다른 사람에 비해서 잘하는 것이 없습니다. 공부도, 운동도, 노래도, 미술도, 음식도 딱히 남들보다 뛰어난 것이 없습니다."

자기의 달란트를 찾고 확인하라는 것은 자기 안에서의 탁월하고 뛰어난 것을 찾는 작업이지 누군가와 비교해서 찾으라는 것이 아닙니다. 다른 사람과 비교해서 잘하는 것을 장점이라고 말하고, 못하는 것을 단점이라고 말하는 것이 결코 아닙니다. 하나님나라의 가치관은 절대 그런 식이 아닙니다.

자신의 달란트를 발견하는 방법 중 한 가지는, 남과 비교하여 자신의 장점을 찾아내는 것이 아니라, 자기 자신 안에서 잘하고 못하고를 찾는 것이며 탁월함과 장점을 찾아내는 것입니다. 또 다른 한 가지는, 자기에게 주어진 일을 '열심히' 해 나가다 보면 자연스럽게 이루어지는 자리와 주어지는 일이 있는데, 그것을 자신의 달란트로 받아들이는 것입니다.

또한 이 '열심'은 하나님의 방법과 성경적인 법칙을 벗어날 만큼 과도하게 하는 것이 아닙니다. 자신의 육체를 혹사시킬 만큼 과욕을 부려 하나님도 보이지 않고 주위 사람들도 보이지 않을 만큼 무리한 열심을 내는 것이 아니라, 하나님나라의 문화와 가치관 속에서 할 수 있는 만큼 하는 것입니다.

우리는 비전과 꿈을 혼용해서 씁니다. 그러나 성경에서는 '비전'과 '꿈'을 구분해서 보고 있습니다. 성도에게 비전은 하나님께 영광을 돌리는 것입니다. 하나님나라 사람으로서 하나님께 영광을 돌린다는 것은 자신이 세상나라에서 힘을 갖든지 갖지 못하든지 어떤 상황에서도 왕이신 하나님의 백성이기에 감사와 기쁨을 누리고, 타인을 복음으로 사랑하고 섬기는 것입니다. 이렇게 하나님의 영광을 드러내는 것이 우리의 공통적인 비전입니다.

그렇다면, 그 비전을 이루는 일터직업가 꿈이 됩니다. 그럼, 그 꿈이 어떤 꿈이든어떤 위치든 상관없이 하나님께 영광 돌리는 것에는 절대 방해될 수가 없습니다. 그래서 **그리스도인들은 하나님의 영광이라는 공통된 비전을 가지게 되며, 각자에게 주어진 다양한 달란트를 꿈이라고 보아야 합니다.** 꿈은 비전을 이루기 위한 도구와 방법입니다. 그래서 꿈은 자신의 직업이고, 자신의 사역이고, 현장입니다. **그러므로 꿈은 모두 달란트로 재번역을 해야 합니다.**

자신이 받은 달란트, 곧 일터직업에서 열심을 다해 하나님의 살아계심을 나타내면 그것이 바로 비전을 이루는 것입니다. 지금 있는 곳에서 주어진 달란트로 열심히 주님의 자녀답게 살면 하나님께 영광이 됩니다.

달란트의식을 배우면서 우리가 세상나라에서 누릴 자유가 느껴지십니까? 이제 비교의식에서 나오는 열등감과 우월감에서 자유할 수 있겠습니까? 그렇다면 이제 더 이상 가인의 문화가 하나님나라 사람을 얽매지 못합니다.

비전을 이루는 데 내 꿈이, 나의 달란트가 아무런 방해를 받지 않게 된다는 사실에서 자유가 느껴지십니까? 하나님의 능력을 나타내며 하나님께 영광을 돌리는 것이 어떤 달란트이든 이룰 수 있다는 그 사실이 얼마나 감사한지 모릅니다. 그래서 하나님나라 사람들인 우리는 상황을 초월하여 우리에게 맡겨주신 인생을 감사하고, 또 행복해 하며 살 수 있습니다.

환경의 달란트의식

_지금의 삶을 의미 있게 하는 달란트 의식

일Work에서 환경Situation으로의 달란트의식 확장

그는 시냇가에 심은 나무가 철을 따라 열매를 맺으며 그 잎사귀가
마르지 아니함 같으니 그가 하는 모든 일이 다 형통하리로다 악인
들은 그렇지 아니함이여 오직 바람에 나는 겨와 같도다시1:3~4

'시냇가에 심겨진 나무'는 하나님나라 사람을 뜻합니다. **이 말씀에
서 하나님나라 사람의 중요한 특징은 '철을 따라 열매를 맺는 것'이라
고 볼 수 있습니다.** 시편 본문에 나오는 '철'이라는 말은 히브리어로
'에트ㄲㄲ'인데, 이 단어는 전치사와 함께 쓰여 '지금 이 시간'을 의미합
니다. 그러니까 **시냇가에 심겨진 나무인 하나님나라 사람들은 '지금
이 시간'에 열매를 맺을 수 있고, 어떤 순간에도 열매 맺지 못할 시간
은 없는 삶을 삽니다.**

달란트는 여러 가지로 볼 수 있습니다. 가장 첫째 되는 부분은 앞서
본 것처럼 자신이 하는 일work입니다. 이는 우리의 삶에서 가장 많은
시간을 드리는 영역이고, 우선순위에 둘 수 있는 자신의 직장, 사업, 학
업, 사역, 은사 등을 말합니다.

그런데 **이 달란트 부분을 조금 더 확장해서 볼 필요가 있습니다. 달란트는 자신의 일**work**뿐만 아니라 자신이 처한 상황**situation**에까지 넓힐 수 있습니다. 그래서 그 일터에서 만나게 되는 다양한 상황도 하나님께서 주신 '환경의 달란트'가 됩니다.**

직장으로 본다면 그 직장의 일 자체가 달란트이지만, 그 직장에서 처한 상황들도 지금 나에게 주어진 달란트인 것입니다. 이 상황이란 것은 내가 말단으로 있을 때, 또는 상급자로 있을 때입니다. 사업터에서는 사업이 번창할 때, 또는 사업이 부도 가운데 있을 때입니다. 학생이라면 대학에 합격했을 때, 또는 대학에 진학을 못해 재수, 삼수를 할 때입니다. 직장을 알아보고 있는 사람이라면 직장에 취업했을 때, 또는 취업하지 못해 또다시 취업준비를 해야 될 때입니다. 건강할 때, 또는 아플 때입니다. 부모라면 자녀들이 잘 자랄 때, 또는 사고를 칠 때입니다. 부부가 결혼생활이 원만할 때, 또는 결혼생활이 파국을 맞을 때입니다. 가정이 경제적으로 풍족할 때, 또는 하루하루 버티기조차 힘들 때입니다. 평안할 때, 또는 사고를 당할 때입니다. 살면서 남에게 오해당할 때, 실수할 때, 무엇을 시작할 때, 아니면 마무리할 때, 이 모든 것이 '지금' 내가 하나님으로부터 받은 환경의 달란트인 셈입니다.

여러 철, 모든 상황, 모든 형편은 '지금 내게 주신' 달란트입니다. 이 철의 달란트에 따라 성도는 그 열매를 맺을 수 있습니다.

어느 날 의사가 휴식을 취하고 있는데 간호사가 급하게 뛰어들어왔습니다. 응급환자가 방금 들어왔다는 것입니다. 의사는 황

급히 가운을 입고 응급실로 갔습니다.

병상 위에는 온몸이 피투성이가 된 소녀가 누워 있었습니다. 그리고 그 머리맡에는 얼굴이 사색이 된 한 남자가 서 있었습니다. 그 남자는 바로 그 소녀를 친 택시 기사였습니다. 기사는 의사의 손을 붙잡고 제발 아이의 목숨만은 살려달라고 애원을 하였습니다. 의사는 아이의 가슴을 풀어 청진기를 심장 위에 내어 봅니다. 하지만 미동도 하지 않습니다. 아이는 이미 죽은 것입니다.

그런데 의사는 이상한 느낌이 들었습니다. 얼굴을 알아볼 수 없을 정도로 온통 피투성이였지만 꼭 아는 아이인 것만 같았습니다. 의사는 소녀의 머리카락을 제치고 얼굴에 있는 피를 거즈로 닦기 시작했습니다.

그런데 이게 웬일입니까? 지금 의사 앞에 죽어 있는 소녀는 바로 자신의 딸이었습니다. 자신의 딸이 자기의 병원에 와서 의사인 자기에게 사망진단을 받은 것입니다. 그 의사는 고개를 들어 택시 기사를 쳐다보았습니다. 바로 자기 딸을 죽인 범인이었습니다. 그 택시 기사는 아직도 자신이 죽인 아이가 그 의사의 딸인지를 알지 못한 채, 제발 아이를 살려 달라고 의사에게 애원하고 있었습니다.

이것은 지어낸 이야기가 아닙니다. 서울 관악구 봉천동의 봉천의원의 윤주홍 장로님이 겪은 실화입니다.

만약 여러분이라면 이 경우에 어떻게 하시겠습니까? 1973년 자신의 병원에서 자신의 딸의 주검을 보았습니다. 그리고 죽인 범인을 앞에 두고 있습니다. 아마도 그 택시 기사를 쉽게 용서할 수 없을 것입니다. 그런데 자기 딸을 죽인 그 택시 기사를 윤주홍 장로님은 용서했습니다. 과실치사로 수감된 그를 위하여 몇 번에 걸쳐 탄원서를 제출했고, 마침내 그 기사는 감옥에서 풀려날 수 있게 되었습니다.

딸이 죽은 뒤 그는 가난한 봉천동 빈민들을 위하여 무료진료를 시작했습니다. 그 후에 그에게 치료를 받은 사람들이 그를 아버지라 불렀습니다. 그러한 사람들이 수백 명이 넘게 되었습니다. 윤 장로님은 한 명의 딸을 주님께 보내고 수백 명의 아들, 딸들을 얻게 되었던 것입니다.

우리는 윤주홍 장로님의 이야기를 통해 철을 따라 열매를 맺는 자가 어떠한지를 볼 수 있습니다. 딸이 억울하게 죽었던 그 철, 그때 어느 누가 열매를 맺을 수 있겠습니까? 세상나라 사람은 열매는커녕 자신이 먼저 말라비틀어져 버릴 것입니다. 그런데 하나님나라 사람인 시냇가에 심겨진 장로님을 보십시오. 딸이 죽은 그 시절에도 열매를 맺었습니다. 용서의 열매를 맺었습니다. 또한 주님의 사랑으로 맺어진 수백 명의 딸, 아들을 가지게 되었습니다.

이것을 바람에 나는 겨와 같은 세상나라 사람들이 할 수 있겠습니까? 세상에 속해 스스로 지혜 있다고 생각하는 사람이 흉내라도 낼 수 있겠습니까? 자기 의로 가득한 자들이 인간적인 노력이나 뚝심으로 이 열매를 맺는 게 가능한 일입니까? 그러나 예수님께 심겨진 나무는 할 수 있습니다. 우리가 잘 아는 손양원 목사님도 똑같이 그런 열매를 맺었습니다. 이런 것은 주님께서 주신 달란트를 이해하는 하나님나라 사람들만이 가능한 것입니다.

윤주홍 장로님과 손양원 목사님은 자식이 죽은 그때, 그것이 자신에게 주어진 새로운 자신의 달란트임을 깨달았습니다. 그리고 그 주어진 환경의 달란트로 살았습니다. 자식이 죽은 시간이라는 달란트를 가지고 자신의 인생을 비관하거나 포기하거나 원망하지 않고, 그 달란트를 가지고 또 다른 하나님의 역사를 이룬 것입니다. 이것이 하나님을 자신의 왕으로 모신 백성만이 보여줄 수 있는 거룩하고 아름다운 모습입니다.

성경에는 이런 환경의 달란트를 가지고 또 다른 달란트를 남긴 착하고 충성된 사람들이 너무나도 많습니다. 요셉의 경우를 보시길 바랍니다. 타국으로 팔려가 **종살이라는 환경의 달란트**를 받았을 때에도 그는 열매를 맺었습니다. **감옥이라는 환경의 달란트**를 받았을 때에도 그는 달란트를 남겼습니다. 그러면 그는 힘들 때만 열매를 맺었습니까? 아닙니다. 애굽 총리대신으로 부족한 것이 없을 때에도 그는 그 **총리대신이라는 환경의 달란트**를 잘 사용했습니다. 사무엘을 낳은 한나는 자신이 아기를 가지지 못하는 기간의 달란트에서도 열매를 맺었습니다. 다윗은 도망자로 수십 년을 보낼 때에, 도망자일 때의 환경의 달란트에 충실하였습니다. 이들은 모두 하나님나라 사람들이었습니다. 시냇가에 심겨진 나무였습니다.

세상나라는 지금 어떤 시절의 달란트인가에만 관심이 있습니다. 다섯 달란트를 받은 좋은 시절인가, 아니면 한 달란트 받은 힘든 시절인

가에 관심이 있습니다. 그래서 그 시절만 바꾸려고 혈안이 되어 있습니다. 하지만 하나님나라 성도는 그 철의 달란트가 얼마냐, 어떤 상황이냐에 관심이 있는 것이 아니라, 이런 처지에 놓인 달란트에서 어떤 열매를 맺을 것인가에 관심을 가져야 합니다.

그렇다면 우리는 지금 어떤 달란트를 받았습니까? 오늘은 어떤 달란트이고, 일주일은 어떤 달란트인가를 생각해야 합니다. 예를 들어, 작년에는 좋은 일이 많이 일어났던 다섯 달란트를 받았는데, 올해는 계속 문제가 터지는 한 달란트를 받을 수 있습니다. 또 어떤 사람은 병든 달란트를 받을 수 있습니다. 그렇다면 그는 아픔 속에서 맺는 거룩한 열매를 맺을 수 있습니다. 자신에게 돈 없는 시절의 달란트가 주어져 있다면 그 가난 속에서 열매를 맺으면 됩니다. 사업이 힘들고 부도가 났다면 그런 혼란 속에서도 열매를 맺을 수 있습니다. 반대로, 하는 일마다 척척 잘 되고 있습니까? 이런 잘나가는 시절에도 그에 맞는 열매를 맺어야 합니다.

현재 처한 환경이 '자기 체질'

요셉은 환경의 달란트를 아는 자였습니다. 그는 종의 신분으로 있을 때 얼마나 종 생활을 잘 했던지 보디발에게 인정을 받아 가정 총무의 자리에까지 올랐습니다. **보디발과 다른 모든 사람들이 볼 때에 그는 완전 '종 체질'이었습니다.** 그는 종의 자리가 천직인 것처럼 그 일에 온 맘과 뜻과 정성을 다하는 모습을 보여 모든 사람들의 인정을 받았습니다. 물론 그 일의 결과는 하나님께서 형통케 하셨습니다. 요셉의 입장에서는 자신의 운명을 종으로 끝내고 싶지는 않았을 것입니다. 하지만 그는 자신이 처해 있는 종의 자리가 자기 체질인 것처럼 행동한 것은 분명했습니다. 그 순간 요셉에게 있어 환경의 달란트는 '종살이'였습니다.

이런 그가 누명을 쓰게 되어 감옥의 죄수로 들어가게 되었습니다. 그는 물론 감옥에서 나가고 싶은 소망이 있었습니다. 그렇지만 **그는 감옥에 있는 동안 간수가 보든 다른 죄수가 보든 상관없이 자신을 분명히 '감옥 체질'이라 여겼습니다.** 얼마나 감옥 생활을 잘 했는지 마치 거기에서 평생을 살 것 같은 모습처럼 생활했던 것입니다. 모범수 중에 이런 모범수가 없었습니다. 그래서 감옥의 제반 사무를 맡은 자가 되었습니다. 그 순간, 요셉의 환경적 달란트는 '감옥살이'였던 것입니다.

그리고 그는 애굽 나라의 총리가 됩니다. 종 체질이고 감옥 체질이던 **그가 총리가 되니 한 나라를 거뜬히 책임지고 운영하는 사람이 되었습니다. 그는 한 나라의 '총리 체질'이었습니다.** 그때 요셉의 환경적 달란트는 '총리 생활'이었던 것입니다.

요셉은 종이라는 환경, 감옥이라는 환경, 총리라는 환경, 이런 전혀 다른 환경에서도 하나님께서 주신 환경의 달란트를 가지고 생활하였습니다. **어떤 곳이든 자기에게 주어진 환경에서 그 삶이 자신의 '체질인 양' 마음을 쏟아 열심히 살았던 것을 볼 수 있습니다.**

이것이 참 성도의 모습입니다. 환경의 달란트의식이 없는 자는 절대

할 수 없는 영역입니다. 지금 종살이와 감옥 생활을 잘 하였더니 그 결과 총리의 자리에까지 가게 되었다는 의미의 말을 하는 게 아닙니다. 총리가 되기 위해 종 생활과 감옥 생활을 견디었다는 말도 아닙니다. **환경의 달란트라는 것은 어떤 상황도 하나님께 영광을 돌릴 수 있는 가장 적합한 환경임을 인정하고 믿는 것입니다. 그래서 지금 우리가 처한 상황, 바로 이 환경의 달란트를 가지고 착하고 충성되게 사는 것이** 하나님께서 기뻐하시는 일이고, 하나님께 영광을 돌리는 삶입니다.

달란트는 '항상 복福'

닉 부이치치는 호주에서 목회자의 아들로서 양팔과 양다리가 없는 장애를 갖고 태어났습니다. 하지만 자신의 한계를 딛고 전 세계를 다니며 하나님의 사랑과 희망을 전하는 희망 전도사로 사역하고 있습니다. 지금은 미국 LA 비영리단체 '사지 없는 인생' 대표로 사역하고 있습니다.

닉 부이치치가 한국 집회 때 전한 말씀 중의 일부입니다.

"여호와의 말씀이니라 너희를 향한 나의 생각을 내가 아나니 평안이요 재앙이 아니니라 너희에게 미래와 희망을 주는 것이니라"렘29:11

이 말씀은 하나님이 나에게 주신 말씀입니다. 이 말씀으로 내가 새로운 삶을 살게 되었습니다. 우리 아버지는 목사님이었습니다. 아버지가 목사님이기 때문에 전 주일학교를 무조건 다녀야 되었습니다. 그런데 교회에 가면 친구들이 나를 따돌리는 것이었습니다. 청소년기를 지나면서 수없이 자살을 시도하였습니다. 그러던 중 하나님을 인격적으로 만나고, 나를 향한 하나님의 계획을 알게 되었습니다.

제가 4년 전에 저랑 똑같이 팔 다리가 없는 18개월 된 어떤 한 소년을 만났습니다. 그 아이의 이름은 다니엘이었습니다. 저와 같이 발 하나만 있는 아이였습니다. 그 어머니는 자기 아이를 저에게 데려온 뒤로 계속 우는 것이었습니다. 그때 그 어머니가 저에게 이렇게 말했습니다.

"닉! 당신은 알지 못할 거예요. 우린 오랜 시간 동안 당신을 기다렸습니다. 결국 하나님께서 우리에게 기적을 주셔서 당신이 우리에게 찾아왔어요. 당신과의 이 만남은 하나님이 우리를 잊지 않고 기억하고 계신다는 사실을 경험하게 해요. 닉! 당신은 우리에게 하나님의 기적이에요!"

그 부모님은 저의 비디오에서 제가 수영하는 모습을 보고는 자기 아이에게 이렇게 말했습니다.

"닉처럼 수영해라! 닉처럼 수영해라!"

그러고는 그 아이가 네 살이 되던 해에 수영을 할 수 있게 되었습니다. 그 아이의 의사가 그 부모님에게 "이 아이는 커서 절대 걸을 수 없다"라고 말했습니다. 그런데 그 의사가 제가 걷는 모습을 보고는 "아! 이 아이도 걸을 수 있어요!" 그렇게 말했습니다. 상상이 가십니까? 다니엘과 그의 어머니는 사지가 없는 저를 통해서 가장 큰 위로를 받을 수 있었습니다.

만약 여기에 예수님을 모른 채 암에 걸린 사람이 제게 온다고 생각해 봅시다. 저는 암에 걸린 것이 어떤 것인지 잘 알지 못합니다. 그런데 팔 다리가 없는 제가 암에 걸린 그 사람에게 위로와 도전을 줄 수 있다고 생각하십니까? 아닙니다. 저보다도 훨씬 더 그 사람에게 영향력을 줄 수 있는 사람이 있습니다. 바로 암에 걸린 그리스도인이 그 암 환자에게 더 큰 은혜를 입힐 수가 있습니다. 암에 걸린 사람이 훨씬 더 그 사람에게 도전을 줄 수가 있다는 것입니다. 그는 이미 영생을 가졌기 때문에 하나님이 주신 평안이 있기에 그 암환자를 더 잘 섬길 수 있는 것입니다.

한 사람이라도 저를 통해서 영생을 얻을 수 있다면, 전 이 팔 다리가 없는 것 괜찮습니다. 여러분! 이것이 이해가 되십니까? 많은 사람들이 천국에서 저를 만나면서 이렇게 말하는 것을 상상해 보십시오.

"닉! 내가 당신의 삶의 이야기 때문에 예수 그리스도를 알고, 영생을 얻게 되었습니다."

하나님은 전지전능하십니다. 하나님은 모든 것을 알고 계십니다. 그리고 하나님은 우리에게 가장 좋은 것이 무엇인지 알고 계십니다.

닉 부이치치의 수많은 이야기 중에서 가장 중요한 간증의 포인트는 똑같은 처지에 있는 다니엘을 만난 사건입니다. 이것이 그의 간증의 클라이맥스입니다. **다니엘과 그의 가족의 삶에 도전을 주고 하나님의 사랑을 보여줄 수 있는 사람은 오로지 닉 부이치치 자신뿐임을 간증하고 있는 것입니다.** 닉 부이치치가 가지고 있는 장애라는 환경이 다니엘과 같은 열매를 맺게 하는 것입니다. 이것이 하나님나라 사람으로서 환경의 달란트의 이윤을 남기는 모습입니다. 그래서 어떤 환경에 처하게 되더라도 그 환경의 달란트에 성실히 임하면, 그 사람은 주인에게 착하고 충성된 종이 됩니다.

닉 부이치치의 달란트의식은 세상나라에서는 감히 생각하지도 못하는 것입니다. **자신의 팔과 다리가 없는 것에 대한 분명한 달란트의식이 있습니다. 그 달란트의식은 자신의 달란트가 다른 사람에게 영향을 미칠 수 있는 범위를 아는 것입니다. 팔과 다리 없이 사는 환경의 달란트를 가지고 그는 평생 삽니다.**

배들을 바다에 띄우며 큰 물에서 일을 하는 자는 여호와께서 행하신 일들과 그의 기이한 일들을 깊은 바다에서 보나니 …… 광풍을 고요하게 하사 물결도 잔잔하게 하시는도다 그들이 평온함으로 말미암아 기뻐하는 중에 여호와께서 그들이 바라는 항구로 인도하시는도다시107:23~30

큰 물에서 일을 하는 자는 육지에서 하나님의 행하신 기적을 본다고 하지 않고, 지금 있는 그 바다 한가운데서 본다고 말씀합니다. 하나님께서는 하나님나라 사람들에게 자신이 처한 환경에서 당신께서 일하고 계심을 보여주길 원하십니다. 이 말은 하나님나라 사람들이 자신이 받은 환경의 달란트에서 열매 맺기를 바라신다는 의미입니다. **바로 내가 지금 머물고 있는 그 장소에서 하나님의 살아계심을 경험하고, 하나님이 나의 능력임을 증거하기를 원하신다는 것입니다.**

제가 전도사 때에 하나님께서는 제가 가지고 있는 모든 것을 하나님께 드리라는 감동을 주셨습니다. 그래서 이 일을 기쁨과 감사함으로 행하였습니다. 전세금을 빼서 섬기던 교회에 헌금을 하였더니, 그 일로 인해 누렸던 은혜가 참 컸습니다. 비록 부교역자였지만 섬기는 교회를 사랑했고, 정말 교회 건물 하나하나를 아꼈고, 성도들을 내게 맡겨주신 양으로 생각해서 온 마음을 쏟아 섬겼습니다. 저는 이것이 바로 큰 물에서 일하는 자는 깊은 바다에서 하나님을 경험하는 것처럼 육지나 집에서 경험하는 것이 아니라 자신이 처한 바로 그곳에서 경험하는 것이라고 생각합니다.

그런데 어느 날 제가 전 재산을 팔아 헌금했다는 사실을 알게 된 친구 전도사의 첫마디가 "그런 큰돈은 나중에 담임목사가 되면 그 교회에서 사용해야지, 거쳐 가는 교회에 한다는 것은 좀 과한 헌금 아닌가?"라는 것이었습니다. 이 말이 여러분에게는 어떻게 들리십니까? 예, 그것이 더 논리적이고 조금은 더 현명한 생각일 수도 있습니다. 하지만 조금만 더 생각해 보면, 이 말이 얼마나 세상나라의 원리 속에 갇힌 논리인지 알 수 있습니다. 만약 제가 담임일 때 이런 헌금을 해야 한다면, 하나님께서는 그런 감동과 말씀을 그때에 주실 것입니다. 하지만 그 당시 전도사 때 주셨습니다. 그 시절의 달란트를 잘 사용하여 부교역자로서 열매를 맺어 하나님께 영광을 돌리는 게 하셨습니다.

그러므로 어떤 대학을 다니는 학생이든, 어떤 직업을 가지고 있든, 어떤 사업을 하든, 그 속에서 자신의 위치가 어떠하든, 건강하든 병들든, 가난하든 부자이든 간에 그 환경에서 하나님나라 사람으로서 하나님이 자신의 능력임을 드러내는 달란트의 열매를 맺기만 하면 됩니다. 그렇게 하면 모두 동일하게 착하고 충성된 종이 될 것이고, 또 하나님께 성도로서 인정받고 칭찬받게 될 것입니다.

이러한 달란트의식을 가지고 세상나라에서 산다면, 자신이 가진 달란트가 많든 적든 상관없이 그것은 무조건 복된 달란트입니다. 그래서 달란트를 가진 하나님나라 사람은 이 세상에 살 때 자유합니다.

Chapter 4

진짜 상급 가짜 상급

성경은 하나님나라다

천국과 하나님나라

진짜 왕이 오셨다
십자가로 통치
말씀으로 통치
치유로 통치
채움으로 통치

왜 신앙생활을 열심히 하죠?

현재적 하나님나라에서 받는 보상(상급)
하나님의 일에 '동참'할 수 있는 것이 '참된 보상'
하나님을 닮아가는 것이 참된 보상

미래적 하나님나라에서 받을 상급
새하늘과 새땅에서 받을 상급의 오해
새하늘과 새땅에서 받을 진정한 상급
면류관을 벗어 버리고

성경은 하나님나라다

이제부터 우리는 하나님나라를 본격적으로 알아보고자 합니다. 먼저 '하나님나라'라는 단어는 여러분에게 과연 어떤 개념과 느낌인가요? 혹, 여러분이 하나님나라를 기독교 세계관 중의 하나로 여긴 다든지, 성경을 읽는 데 필요한 여러 관점 중에 하나로 생각한다면, 여러분은 성경을 제대로 읽고 이해하기는 무척 힘들 것입니다.

주님이 말씀하신 하나님나라는 무엇입니까? 사복음서는 하나님나라 또는 천국을 매우 강조합니다. 주님은 항상 하나님나라를 전파하셨습니다. 그분은 하나님나라를 여러 방법으로 선포하셨고 하나님나라는 그분의 핵심 주제였습니다. 그러므로 우리가 예수님이 말씀하신 하나님나라의 의미를 분명하게 깨닫지 못하면 그분의 메시지를 제대로 이해할 수 없습니다.

- 마틴 로이드 존스의 『하나님 나라』 중에서

마태복음에서 마태는 예수님의 사역을 가르침5~7장: 산상 설교과 기적8~9장: 10개의 기적들이라는 두 부분으로 나누어 설명하고 있습니다. 그런데 가르침과 기적의 시작과 끝에 그것의 주제를 하나님나라라고 밝히고 있습니다마4:23; 마9:35.

- 양용의의 『하나님 나라 어떻게 이해할 것인가』 중에서

예수님 공생애의 사역을 나타내는 공관복음에서 '하나님나라'는 공통된 주제이고 관점입니다. 예수님께서 세상에서 처음으로 선포하신 말씀이 하나님나라였고막1:15, 공생애 기간에 설교하신 내용도 하나님나라였으며, 부활하신 후 40일간 전한 메시지도 하나님나라였습니다행1:3.

그럼 신약성경 중 대부분의 서신서를 기록한 바울은 무엇을 가르쳤을까요? 그도 하나님나라에 대해 집중해서 가르쳤습니다.

바울이 회당에 들어가 석 달 동안 담대히 하나님 나라에 관하여 강론하며 권면하되 어떤 사람들은 마음이 굳어 순종하지 않고 무리 앞에서 이 도를 비방하거늘 바울이 그들을 떠나 제자들을 따로

세우고 두란노 서원에서 날마다 강론하니라행19:8~9

바울이 에베소에서 석 달 동안 가르친 성경공부와 설교가 전부 하나님나라에 대한 내용이었습니다. 이렇게 보면, 예수님의 모든 사역의 가르침이 하나님나라에 대한 것이었고, 바울의 가르침도 하나님나라였습니다. 이렇듯, **하나님나라는 성경 전체의 주제이자 기독교의 주제입니다. 그렇다면, 우리도 세상에서 그리스도인답게 제대로 살아가기 위해서는 하나님나라를 아는 것이 절대적으로 필요하지 않겠습니까!**

천국과 하나님나라

"하나님나라가 무엇입니까?"라는 질문에 대한 답을 명확하게 하기 위해서 우린 먼저 '천국'과 '하나님나라'의 개념과 뜻을 확인하는 것이 필요합니다. 사복음서를 보면, **마태복음에서 나오는 '천국'과 마가복음, 누가복음에서 나오는 '하나님나라'는 똑같은 상황에서 혼용하여 사용하는 것을 알 수 있습니다.**

> 하나님나라와 천국 사이에는 어떠한 실제적인 차이도 없다는 사실을 확정하는 일이다. 누가는 거의 일관적으로 하나님의 나라란 말을 사용하였는데, 심지어 누가는 그 나라라고만 썼을 때에도 하나님의 나라를 의미했다눅12:32; 눅22:9. 이와 반대로 마태는 거의 모든 경우에 그는 천국이라는 용어를 사용한다.
> - 헤르만 리델보스의 『하나님 나라』 중에서

마태복음의 '천국'과 마가복음과 누가복음의 '하나님나라'는 동일한 개념으로 사용되고 있습니다. 그래서 천국과 하나님나라는 같은 말입니다. 그런데 마태복음에만 천국이라는 단어를 사용하는 이유는 마태가 유대인들을 위해 기록한 말씀이기 때문입니다. 유대인들은 '하나님'이라는 이름을 함부로 부르지 못했기에 대체어로 '하늘'이라는 표현을 사용했습니다. 그래서 유대인들은 하늘이라고 하면 자연스럽게 하나님으로 생각했습니다. 이런 사실을 너무나 잘 알고 있었던 **마태는 독자 유대인을 배려해서 하나님나라를 하늘 나라**천국**로 사용한 것입니다.**

하나님나라에서 '나라'라고 번역되는 헬라어 단어는 바실레이아 βασιλεία입니다. 이것은 영역이나 영토라는 공간적 의미가 아니라, **통치, 지배, 치세, 왕권 등의 추상적이고 역동적인 의미로 사용됩니다. 그래서 하나님나라는 '하나님의 통치'이며 '왕이신 하나님의 다스림'으로 정의되어야 마땅합니다.**

하나님의 통치권에 대한 하나님나라를 이렇게 이해하면 좋을 것 같습니다. 중국은 어디까지 중국이냐면 중국 국가 주석이 다스리는 데까지입니다. 어디까지가 미국입니까? 미국 대통령의 그 통치권이 미치는 데까지입니다. 대통령의 명령이 전달되고 시행되는 곳까지가 미국인 셈입니다. 그러면 서울에 있는 미국 대사관은 미국입니까? 한국입니까? 예! 미국입니다. 그곳은 한국 대통령의 명령이 시행되는 곳이 아니라 미국 대통령의 명령이 전달되고 시행되는 곳이기 때문입니다.

그런데 이런 하나님나라라는 개념이 한국에 들어오면서 번역상의 큰 문제가 생기게 됩니다. 한자 문화권에 속한 우리나라 번역자들이 마태복음의 '하늘'이라는 것을 번역할 때, 하나님이라고 하지 않고, 하늘이니까 자연스럽게 '하늘 천天'으로 번역을 했습니다. 그리고 '나라'를 번역할 때, 나라라고 하니까 아무 검증 없이 그냥 '나라 국國'으로 썼습니다. 왜냐하면 우리는 '나라'라는 단어를 보면 자연스럽게 영토적인 개념으로 이해되기 때문입니다. **그래서 하늘 나라를 번역하면서 '하나님나라'가 '천국**天國**'이라는 개념으로 돌변했습니다.**

이렇게 하나님나라를 천국으로 잘못 번역함으로 인해서 한국교회에 엄청난 사탄의 장난이 들어왔습니다. **많은 한국교회 성도들이 천국이라는 단어를 들으면 구원받은 사람들이 죽은 후에 가서 살게 되는 '어느 공간' 정도로 오해하게 된 것입니다.** 그래서 오늘날 한자 문화권 속에 사는 우리는 **천국이라는 단어를 대할 때에 그것을 그냥 '엄청나게 광활한 우주 공간에 하나님께서 계시는 크고, 멋지고, 황홀한 궁전' 정도라고 여기게 되었습니다.**

이렇게 되면 하나님나라가 어떻게 연상됩니까? 천국으로 변한 하나님나라는 황금으로 만들어진 궁궐 안에 하나님께서 왕좌에 앉아 계신 곳이 됩니다. 그리고 그 옆에는 1급수 시냇물이 흐르고 있으며, 과일나무들이 즐비하게 가로수처럼 심겨져 있습니다. 그런 분위기에서 왕좌에 앉아계신 하나님 앞에서 모든 구원받은 성도들이 성가대 가운 같은 하얀 옷을 입고 매일 찬양하고, 율동하고, 손을 들고서 예배를 드리는 것입니다. 그렇게 예배를 드리다가 배가 고프면 옆에 있는 과일을 껍질째농약이 없을 거니까 따 먹는 겁니다. 그런데 조금 더 생각해 보시겠습니까? 과연 화장실은 있을까요? 물론 없을 것입니다. 만약 화장실이 있으면 천국 분위기가 이상해지지 않겠습니까? 그래서 그냥 그렇게 영원, 영원, 영원토록 손들고 찬양하고, 율동하며 찬양하고, 하나님의 훈시의 말씀을 듣고는 잠시 집에 가서 쉬다가 또 주님 앞에 오는 것입니다. 마치 최고의 시설에서 수련회를 하는 것처럼 말입니다. 영원토록 수련회를 하는 것입니다엄기영 목사 강의 참조.

이런 식으로 생각하니까 어떤 사람은 말하길, "그렇게 놀기만 하는 곳, 처음에는 좋지만 나중에는 너무 심심하겠다. 뭔가 해야 할 일도 있고, 성취감도 있어야 재미가 있을 것인데. 천국이 좋긴 하지만 좀 그럴 것 같은데."라고 합니다.

저도 예전에 천국에 가면 길이 다 금으로 되어 있고, 집도 그렇다고 듣고는 엄청 고민했습니다. 제가 금 알레르기가 있거든요. 그래서 금반지도 못 끼고, 금니도 못하는데……. '천국에 가면 난 어떻게 살까? 그래, 체질이 변하겠지!' 천국을 두고 별 이상한 걱정을 다하고 있는 것입니다. 이런 것까지 생각하게 되는 이상한 천국을 우리가 만들어 버렸습니다.

이건 성경에서 말하는 천국이 아닙니다. 이건 하나님나라가 아닙니다. 그런데, **우린 천국을 구원받은 영혼들이 죽은 후에 들어가는 가장 좋은 '공간 정도'로 배웠습니다. 그러나 예수님께서는 천국을 이렇게 말씀하신 적이 없습니다.**

이렇게 하나님나라를 천국으로 오역하면서 한국교회는 많은 어려움 속에 빠져 버렸습니다. **많은 성도들이 기독교를 예수 믿고 그냥 이 땅에서 복 받고 행복하게 살다가 죽어서는 더 좋은 곳으로 가는 것! 신앙을 이 정도로만 생각하게 되었습니다. 그런 것이 기독교라고 한국교회가 속고 있는 것입니다. 그 결과 성도가 살면서 해야 할 일, 곧 하나님께서 나의 왕이시기에 그분의 다스림을 받으며 그분의 뜻을 알아가고 순종한다는 개념은 희미해져 버렸습니다.**

이런 협소하고 왜곡된 천국의 가르침은, 그냥 이 땅에서 예수 믿고 복을 쫓아다니다가 미래에 갈 천국만을 막연히 바라보게 만들고 있습니다. 그 결과 성도들의 신앙이 늘 어린아이의 수준에 머무르고 있습니다. 예수 믿은 지 1년 된 성도와 예수 믿은 지 40년 된 성도 사이의 차이를 찾아보기 힘든 경우가 많습니다. 어떻게 차이가 없을 수 있습니까? 그런데 도리어 40년 믿은 성도가 1년 믿은 성도의 열심과 열정을 부러워하는 모습도 볼 수 있습니다. 심지어 예수 믿는 사람과 믿지 않는 불신자와의 모습도 별반 다르지 않다는 사실에 놀라움을 금하지 않을 수 없습니다. 그래서 이런 성도는 성품적으로나 인격적으로 예전과 똑같이 미성숙한 채로 종교생활에만 익숙한 집사가 되고, 권사가 되고, 장로가 되고, 목사까지 됩니다. 결국 하나님나라 사람답게, 하나님나라 사람으로 자라나는 부분에서는 전혀 고민 없이 사는 것입니다.

그렇다면 성경이 말하는 기독교는 무엇입니까? 그것은 하나님의 통치권에 순종하며 사는 것입니다. 그리고 성도가 된다는 것, 예수님을 믿는다는 것은 하나님나라의 사람이 된다는 의미입니다. 하나님나라의 사람으로서 하나님을 왕으로, 주인으로 모시고 그분의 다스림을 따라 순종하며 사는 것이 성도의 삶입니다.

그래서 하늘 나라를 천국이 아닌 하나님나라로 이해하는 사람들은 늘 자신이 현재 어떤 삶을 살고 있느냐가 중요합니다. 그리고 죽은 후에 있을 하나님나라를 대망하게 됩니다. 즉, 현재의 삶과 사후의 삶을 균형 있게 보면서 신앙생활을 할 수 있습니다.

진짜 왕이 오셨다

하나님께서 왕으로서 통치하셨던 에덴동산은 온전한 하나님나라였습니다. 아담과 하와는 왕이신 하나님의 다스림 속에서 자유와 기쁨과 감사와 행복이 가득한 생활을 누렸습니다. 그러나 그들은 왕의 자리에서 하나님을 밀쳐내고 자신들이 왕이 되고자 죄를 짓습니다. 그 결과 그 나라에 죄가 들어오게 되고, 결국 에덴은 사라지게 되었습니다.

그럼에도 불구하고 하나님께서는 다시 이스라엘 백성의 왕이 되셔서 통치하십니다. 그러나 그들은 하나님께서 다스리는 그 하나님나라를 또 거부하고 이방 나라처럼 인간 왕을 요구하였습니다.

그에게 이르되 보소서 당신은 늙고 당신의 아들들은 당신의 행위를 따르지 아니하니 **모든 나라와 같이 우리에게 왕을 세워** 우리를 다스리게 하소서 한지라, 여호와께서 사무엘에게 이르시되 백성이 네게 한 말을 다 들으라 이는 그들이 너를 버림이 아니요 **나를 버려 자기들의 왕이 되지 못하게 함이니라**삼상8:5~7

이렇게 인간 왕을 세워 스스로 그의 백성이 된 그들의 삶은 결국 우상숭배와 저주와 고통으로 점철되어 버립니다. **그러나 하나님께서는 자기 백성을 포기하지 않으십니다. 그래서 하나님께서는 직접 아들 예**

수님을 이 땅에 보내셔서 왕으로서 다스리게 하십니다. 예수님께서 왕으로 오신 후에 그 땅에 지각변동이 일어나고 천지가 개벽하게 되었습니다.

이 세상에 오신 예수 그리스도가 새로운 왕이 되어서 통치하시는 모습을 복음서에서 볼 수 있습니다. 예수님께서는 이 땅에 왕으로 오셨음을 드러내기 시작합니다. 그는 '질량보존의 법칙'을 깨고 오병이어의 기적을 행하십니다. 물고기 두 마리와 보리떡 다섯 개로 오천 명, 여자와 아이들을 합치면 2만 명은 족히 넘는 수를 먹이셨습니다. '의학의 법칙'을 깨고 나병환자를 고치고, 소경의 눈을 뜨게 하고, 중풍병자를 고치고, 앉은뱅이를 일으키는 기적을 행하십니다. '자연 질서의 법칙'을 무시하며 파도를 잔잔케 하시고, '중력의 원리'를 파괴하여 물 위를 걷는 기상천외한 일을 행하셨습니다. '영적 법칙'을 무력케 하는 귀신 쫓는 사역을 수없이 행하시고, '생과 사의 법칙'에 따라 한번 죽어 영혼이 떠난 자를 말씀으로 살리시는 가장 충격적이고 놀라운 일을 행하십니다.

이 모든 것이 가능한 것은 그분이 이 세상을 통치하시는 왕이시기 때문에 모든 피조물은 순종할 수밖에 없기 때문입니다. 이것이 새로운 원리이고 법칙이 되었습니다. 이것이 하나님나라가 임하여 생긴 일이며, 예수님을 왕으로 인정하기에 그분의 통치권에 들어가는 모습들입니다.

- 헤르만 리델보스의 『하나님 나라』 중에서

이것이 우리 인간에게는 기적으로 기록되며 신비한 것으로 보이지만, 주님의 입장에서는 너무 자연스러운 일입니다. 이러한 일이 일어나지 않는 것이 오히려 주님께는 기적이고 이상한 일일 것입니다. 예수님께서 이 땅의 왕으로서 명령하시기에 아무도 거스를 자가 없습니다.

십자가로 통치

이 땅에서 가짜 왕과 진짜 왕의 가장 큰 차이는 '십자가로 통치'입니다. 가짜 왕이 다스리는 방법은 백성 앞에서 군림하고 억압하며 높은 곳에서 다스리는 것에 있지만, 진짜 왕의 다스림은 아래에서 낮아지고 섬기는 것입니다.

인자가 온 것은 섬김을 받으려함이 아니라 도리어 섬기려 하고 자기 목숨을 많은 사람의 대속물로 주려 함이니라마20:28

왕이신 예수님께서 오신 것은 자기 백성을 섬기려는 것에 있습니다. 가짜 왕은 도저히 할 수 없는, 그래서 진짜 왕만이 할 수 있는 다스림의 원칙이 바로 낮은 자리에서 백성을 섬기는 것입니다. 그것은 단지 백성을 위해 왕의 먹을 것과 왕의 입을 것과 왕의 집을 함께 공유하는 정도가 아니라, 왕이 자신의 목숨을 그들의 생명과 유익을 위해 기꺼이 내어주는 섬김의 통치입니다. 그것은 오직 진짜 왕만이 할 수 있는 십자가로 통치하는 것입니다.

그래서 그 십자가의 통치를 경험한 그 백성들도 동일하게 자기의 십자가를 지고마16:24 이 땅에서 왕의 자녀로서 섬기며 살아갑니다. 그렇게 될 때에 이 세상은 하나님나라가 되고, 세상을 섬기는 빛과 소금의 교회가 됩니다.

한 아이가 갑자기 응급수술에 들어갔습니다. 그런데 수술 도중에 피가 부족하여 위급하게 되어 버렸습니다. 설상가상으로 그 아이의 피는 아주 희귀한 혈액이어서 그 병원에 여분의 피가 없는 것입니다. 그런데 가족 중에 혈액 검사를 해 보니까, 딱 한 사람! 그 아이의 동생만 혈액형이 맞았습니다. 하지만 병원에서는 아무리 혈액이 필요해도 나이가 되지 않는 어린 아동에게 수혈을 요구하지는 않는다고 합니다. 그러나 당장 생명이 달린 문제이기에, 의사와 그 부모는 고민 끝에 수혈하기로 결정을 했습니다.

그 의사가 꼬마 동생에게 말합니다. "애야, 형이 수술을 받는 중에 피가 부족해서 지금 당장 피를 받지 않으면 천국에 갈 수도 있단다. 그런데 형을 도울 수 있는 사람은 지금 너밖에 없어. 혹시 형에게 피를 좀 줄 수 있겠니?" 그 말에, 방금까지 짓궂게 장난을 하던 그 어린 동생이 한참을 진지하게 생각하더니, "네!" 하고는 팔을 걷습니다. 다행히 그 수혈로 형은 위기를 넘기게 되었습니다.

그런데 그 동생이 바늘을 다 뽑고 수혈이 끝났는데도, 눈을 감은 채 침대에 누워만 있는 것입니다. 의사가 그 아이에게 말하니다. "애야, 다 끝났어. 이제 일어나도 돼." 그런데 계속해서 눈을 감고 있는 겁니다. "애야, 왜 너는 눈을 안 뜨니?" 그 의사의 말에 아이가 이렇게 말합니다.

"예, 선생님. 저는 이제 천국 갈 준비하고 있는 거예요."

지금 어떤 상황인 줄 알겠습니까? 의사가 형을 위해서 피를 좀 주면 안 되겠냐는 말을 오해한 것입니다. 형이 지금 수혈을 안 받으면 천국 갈 수도 있다고 하니까, 지금 형에게 피를 주면 자기는 피가 부족하게 되어 형 대신 죽는 줄만 알았던 것입니다.

놀란 의사가 다시 말합니다. "아니! 그러면, 넌 네가 죽는 줄 알면서도 형에게 피를 준 거야?" 꼬마가 말합니다. "예, 전 형을 너무 사랑하거든요."

이것이 진짜 왕이 자기 백성에게 요구하는 십자가입니다. 왕이 오셔서 자기 백성에게 십자가를 지고 섬기라고 하는 것, 이는 우리를 진짜 죽이려고 하시는 게 아닙니다. 그것은 우리에게 수혈을 하라는 것입니다. 의사가 꼬마에게 "너 피 좀 주면 안 되겠니?"라고 했던 그 요구인 것입니다. 그럼, 우린 꼬마처럼 죽는 줄 압니다. 하지만, 사실은 나도 살고 형도 살리는 일인 것처럼, 우리에게 주신 십자가는 내가 살고 나로 인해 이웃도 살리고자 하는 하나님의 섭리이자 축복이 됩니다.

그래서 십자가로 통치하심으로써 예수님께서 죽음으로부터 당신께서 부활하고 우리도 구원하셨듯이 우리가 십자가를 지는 것은, 모양은 내가 죽는 것처럼 보이지만 결국은 나도 살고 이웃도 사는 상생의 삶이 됩니다.

말씀으로 통치

하나님나라의 왕은 말씀으로 통치하십니다. 성경은 하나님 자신을
말씀요1:1이라고 하셨습니다. 말씀의 본체이신 그분은 그 말씀으로 천
지를 창조하시고, 그 말씀으로 법십계명을 주시고, 그 말씀으로 역사하
십니다. 그래서 왕으로 오신 예수님께서는 그 말씀을 선포하시고 가르
치셨습니다.

> 말씀이 육신이 되어 우리 가운데 거하시매 우리가 그의 영광을 보
> 니 아버지의 독생자의 영광이요 은혜와 진리가 충만하더라요1:14

예수님께서는 이 땅에 오셔서 승천하실 때까지 끊임없이 말씀으로
설교하시고 가르치시고 하나님나라를 보여주셨습니다. 그 말씀 사역
을 통해 설교하는 자리마다 회개하고 복음을 받아들이고 구원받는 역
사들이 일어났습니다. 말씀이신 왕이 가시는 곳마다 그곳이 천국이 되
었던 것입니다.

왕이 말씀이시고 그 말씀이 법이니, 그 왕이 선포하는 모든 말씀은
세상의 질서가 되고 사람들의 삶의 양식이 됩니다. 그래서 말씀에는
능력과 힘이 있습니다. 그 말씀에는 창조의 능력이 있고, 변화의 힘이

있습니다. 하여, 그 말씀이 선포되는 곳에서는 구원의 역사와 기적이
나타납니다.

　그러므로 **하나님의 백성도 이 말의 능력으로 살아야 합니다. 왕이
신 주님께서 말로 창조하고 다스리시듯, 그 백성인 성도 또한 말로 이
땅을 하나님나라로 바꾸어가야 합니다.**

　　그들에게 이르기를 여호와의 말씀에 내 삶을 두고 맹세하노라 너
　　희 말이 내 귀에 들린 대로 내가 너희에게 행하리니민14:28

　　너희는 살려면 선을 구하고 악을 구하지 말지어다 만군의 하나님
　　여호와께서 너희의 말과 같이 너희와 함께 하시리라암5:14

　하나님나라를 원하십니까? 하나님의 다스림을 받길 원하십니까?
그렇다면, 내가 사용하는 그 말의 권세를 믿고, 그 말을 제대로 사용해
야 합니다. 그 말로 복음을 전하고, 그 말로 가정을 살리고, 그 말로 일
터와 학교와 이웃을 하나님나라로 만드는 것입니다.

치유로 통치

　예수님께서 왕으로 오셔서 무리들에게 말씀을 선포하고 가르치면
서 항상 병행하는 일이 있으셨는데, 그것은 바로 병 고침의 기적이었

습니다. 수많은 병들은 하나님의 온전한 통치 속에 들어있지 않음을
상징적으로 보여주는 것이었습니다. 그래서 주님께서 왕으로 오셨음
을 질병에서 해방시키는 사역을 통해 보여주셨습니다.

예수께서 온 갈릴리에 두루 다니사 그들의 회당에서 가르치시며
천국복음을 전파하시며 백성 중의 모든 병과 모든 약한 것을 고치
시니마4:23

성경에서는 예수님께서 모든 병과 모든 약한 것을 고치셨다고 말합
니다. 하나님의 통치를 거부하고 사탄의 통치 속에 사는 인생의 저주
받은 모습이 바로 병과 약함입니다. **이것을 예수님께서는 때로는 말씀
으로 꾸짖고, 때론 안수하여 기도하고, 때론 흙에 침을 뱉어 붙이기도
하시면서 왕으로서 사탄의 거짓 통치를 제거하시는 모습을 보여 주셨
습니다.**

친히 나무에 달려 그 몸으로 우리 죄를 담당하셨으니 이는 우리로
죄에 대하여 죽고 의에 대하여 살게 하려 하심이라 그가 채찍에
맞음으로 너희는 나음을 얻었나니벧전2:24

이 말씀처럼 예수님께서 왕으로 오셔서 십자가를 지심은 우리가 죄
에 대해서 해방될 뿐만 아니라 병에 대해서도 고침을 받게 하기 위함
입니다. 그러나 이것을 예수 믿으면 모든 병이 낫는다는 식의 편협한

이야기로 이해하면 안 됩니다. 왜냐하면 우리가 예수님을 믿는 것은 질병의 치유에 그 궁극적 목적이 있는 게 아니기 때문입니다. 그래서 성도에게 어떤 질병은 하나님을 끝까지 붙들게 하는 유익한 도구가 되기도 하고, 어떤 질병은 바울의 가시처럼 자신에게 은혜가 되기도 합니다. 하지만 하나님나라의 왕으로 오신 주님께서 자기 백성의 영육의 질병을 고치시는 것은 당연한 일이자 사탄의 통치를 끝내는 모습임은 분명한 사실입니다.

이렇듯, **하나님의 통치를 경험하는 아주 중요한 수단으로써 병 고침의 기적이 필요하다는 사실을 성도는 결코 간과해서는 안 됩니다.**

채움으로 통치

예수님께서는 공생애 기간 동안 백성들에게 채움의 사역을 하셨습니다. 세상 왕은 결코 할 수 없는 가난과 빈곤의 문제를 진짜 왕으로 오셔서 영과 육의 채움으로 다스리셨습니다.

왕이신 주님께서 하신 일들을 보시길 바랍니다. 예수님께서는 자신의 설교를 듣던 배고픈 무리들에게 오병이어의 기적으로 그들의 허기진 배를 채우셨습니다. 하루 종일 고기를 잡지 못해 절망하고 있던 베드로에게 배가 잠길 만큼 물고기를 잡도록 하셨습니다. 돌무화과나무에 올라가서 주님을 바라보았던 삭개오의 허한 마음을 기쁨과 감격으로 채워주셨습니다. 사람들의 비난의 시선으로 인해 대인기피증과 우울증에 시달렸던 사마리아 여인에게 희망으로 채워주셨습니다. 이처럼 왕으로 오신 예수님께서는 세상에서 결핍되어 있는 모든 것을 그분의 능력과 사랑으로 채워주셨습니다.

우리 주 예수 그리스도의 은혜를 너희가 알거니와 부요하신 이로서 너희를 위하여 가난하게 되심은 그의 가난으로 말미암아 너희를 부요하게 하려 하심이라고후8:9

우주의 왕이신 그분이 이 땅에 가난으로 오셨습니다. 마구간에서 태어난 가난, 목수의 아들이라는 가난, 노숙자처럼 공생애를 하신 가난, 이처럼 그의 모든 삶은 가난을 배경으로 채워졌습니다. 그러나 성경은 진짜 왕이 가난하게 사심은 자기 백성을 부요하게 살도록 하시기 위함이라고 말합니다.

말씀 그대로 진짜 왕이 지나가는 곳마다 풍족함이 넘쳐났습니다. 죄인이 의인되고, 배고픔이 배부름이 되고, 우울이 기쁨이 되고, 미움이 사랑이 되고, 절망이 희망이 되고, 포기가 기적이 되었습니다.

여러분! 우리의 삶 속에서 정말 하나님께서 왕이 되시면 말씀과 치유와 채움의 역사가 자연스럽게 일어나게 되어 있습니다. 왕이 오시는데 그 어떤 것이 막을 수 있겠습니까? 어떤 저주와 눌림과 결박이 그 백성을 붙들고 있겠습니까? 진짜 왕을 나의 하나님으로 모시고 누리셔야 합니다. 그렇게 될 때 내가 살고 있는 지금 여기에 하나님나라가 이루어집니다.

왜 신앙생활을 열심히 하죠?

성도가 세상에서 살면서 믿음을 지키며 세상의 가치관과 열심히 싸울 수 있는 이유는 성경에 약속된 상급이 있기 때문입니다.

그러나 한국교회에서 상급에 관한 관점은 양극단으로 나뉘곤 합니다. 어떤 성도는 상급 이야기만 나오면 알레르기 반응을 일으킵니다. 상급을 기대하며 신앙생활 하는 성도를 수준 낮은 신앙인으로 취급합니다. 반대로, 신앙생활의 모든 것을 상급과 연관시켜 열심을 내는 성도들도 있습니다. 하지만 **이 둘 모두는 하나님께서 주시고자 하는 상급의 가치를 잘 모르고 있는 것이며, 단지 상급을 세상나라에서 주는 가치 기준으로 보고 있기 때문입니다.** 그래서 하나님나라에서 주어지는 상급을 성경에 근거해서 제대로 이해하는 것이 우리에게 꼭 필요합니다.

성경은 하나님나라에서 주어지는 상급이 분명히 있다고 가르칩니다. 이 상급에는 지금 이 땅에서 받는 현재적 하나님나라에서 누리는 것과 재림 후에 있을 미래적 하나님나라에서 받을 것이 있습니다. 물론 이 두 부분의 상급은 어떤 면에서는, 엄밀히 말해서, 따로 떨어지지 않는 영역이라고 할 수 있습니다.

현재적 하나님나라에서 받는 보상 상급

천국은 마치 품꾼을 얻어 포도원에 들여보내려고 이른 아침에 나
간 집 주인과 같으니 그가 하루 한 데나리온씩 품꾼들과 약속하여
포도원에 들여보내고 …… 나중 된 자로서 먼저 되고 먼저 된 자
로서 나중 되리라마20:1~16

하나님의 일에 '동참'할 수 있는 것이 '참된 보상'

앞의 마태복음 20장의 비유는 19장에 나오는 부자 청년의 질문에
대한 예수님의 대답입니다. 부자 청년은 예수님께 "무슨 선한 일을 하
여야 영생을 얻으리이까?"마19:16라고 질문합니다. 이 질문에 예수님께
서는 지켜야 할 계명들을 말씀하셨고, 그 청년은 그것을 다 지켰다고
말합니다. 이 말을 들으신 예수님께서는 자신의 전 재산을 다 팔아 가
난한 자들에게 나눠주라고 다시 말씀하셨고, 그 일을 실행할 수 없었
던 청년은 근심하며 돌아가 버렸습니다.

예수님께서 하신 이 말씀만 본다면, 성도가 부자라면 다 가난해져
야 되고, 돈이 생기면 다 헌금해야만 될 것 같은 잘못된 논리가 생깁니
다. 제자들도 이런 비슷한 생각을 하고 있었던 것 같습니다. 이 말씀을

들은 어떤 제자들은 이러한 일은 불가능하다고 이야기하고, 또 베드로는 자신이 모든 것을 다 버렸으니 복 받을 자격이 있다고 말합니다.

이때 예수님께서는 마태복음 20장의 '포도원의 품꾼' 이야기를 하십니다. 주인은 이른 아침부터 나가 품꾼들을 부릅니다. 우리 시간으로 오전 6시쯤에 나가 첫 번째 품꾼을 부릅니다. 그리고 조금 뒤인 9시에도, 12시에도, 3시에도, 그리고 일을 마치기 한 시간 전인 오후 5시에도 나가서 품꾼을 부르는 주인의 모습을 볼 수 있습니다. 일이 끝난 후, 주인은 나중 온 자로부터 먼저 온 자까지 모두에게 삯을 지급합니다.

그런데 일당을 받는 부분에서 문제가 일어납니다. 이상하게도 주인은 일 마치기 한 시간 전에 온 자에게 한 데나리온을 주는 것입니다. 그렇다면 이런 주인의 행동에 일찍 온 품꾼들과 성경을 읽는 우리는 어떻게 생각할 수 있습니까? 물론 약속은 그러했지만, 먼저 온 자는 적어도 더 받을 것이라는 기대를 가지겠죠? 그런데 모두가 똑같이 한 데나리온을 받게 됩니다.

이 일로 일찍 온 품꾼들이 포도원 주인에게 불공평하다고 불평합니다. 사실 이 말씀을 읽는 우리도 하나님이 뭔가 상식적이지 않으시다는 생각을 가질 수 있습니다. 어떻습니까? 불공평한 것이 아닙니까? 여러분은 이 말씀이 시원스럽게 수긍이 되십니까? 주인이 이해가 되십니까? 어떻게 열두 시간 일한 자와 한 시간 일한 자를 똑같이 보상할 수 있습니까? 말이 되지 않습니다. 그런데 주인은 이 일이 잘못되었다고 하지 않고 바른 보상이라고 말합니다.

그렇다면 한 데나리온이라는 것은 무엇일까요? 한 데나리온이라는

것은 일할 품꾼으로 선택받은 대가입니다. 주인의 부르심과 선택을 받아 누리는 것, 바로 '구원'입니다. 그래서 오전 6시에 부르심을 받은 것이나 열한 시간 이후 오후 5시에 받은 부르심은 똑같은 것이 됩니다. 그렇기에 구원 외에 다른 어떤 세상적인 보상복을 받고자 하는 것은 성경적이지 않습니다. 주인이신 하나님의 의도와도 다른 것입니다. 그래서 평생을 믿은 자나, 수십 년을 믿은 자나, 1년을 믿은 자나, 하루를 믿은 자 모두가 구원이라는 한 데나리온을 똑같이 받습니다. 천국은 똑같이 경험하고 누리게 됩니다.

그렇다면, 주인이 품꾼에게 주는 보상상급은 무엇입니까? 품꾼이 생각하는 상급과 주인이 생각하는 상급의 차이는 무엇입니까?

예를 들어 월드컵이 열린다고 합시다.

한 선수가 그 월드컵에 국가대표 선수로 발탁이 되었습니다. 이 선수는 하늘에 별 따기보다 더 어렵다는 축구 국가대표로 엔트리에 들어가게 된 것입니다. 그런데 여러분은 국가대표가 된 선수들끼리 그라운드에서 뛰는 주전 경쟁이 얼마나 치열한지 아십니까? 선수들은 이 Best 11에 들어가기 위해 온갖 노력을 다합니다.

한 선수가 월드컵에서 국가대표 주전이 되어서 경기에 나가게 되었습니다. 그런데 그 선수가 공을 한참 차다가 자꾸 벤치에 앉아 있는 후보 선수를 보는 것입니다. 그러면서 그라운드에서 뛰는 그는 이 후보 선수를 보면서 속으로 이렇게 생각하는 것입니다.

'저 선수는 팔자도 참 좋네! 월드컵이 끝나면 똑같이 상금을 받을 거잖아! 그런데 자기는 편하게 벤치에 앉아서 쉬고, 난 전반전부터 뛰었는데 후반전까지 교체도 안 해주고, 이거 너무 불공평한 것 아니야? 감독님이 날 너무 부려먹는 것 아니야? 정말 힘들어! 이건 너무 불공평해!'

여러분 어떻습니까? 정말 그렇습니까? 그게 아니지요. 만약 그렇게 생각한다면 이 선수는 큰 착각을 하는 것입니다. 축구 선수라면 평생에 한 번은 꼭 뛰어 보고 싶은 그 영광스러운 월드컵 경기에서 국가대표의 자격으로 뛰고 있다는 그 자체가 이 선수에게는 가장 큰 영광이요, 기쁨이요, 행운인 것입니다.

생각해 보시길 바랍니다. 국가대표 선수가 되어서 쉬지 않고 뛰어 힘이 들거나 태클에 걸려 넘어지는 한이 있더라도, 월드컵 경기에서 주전으로 뛴다는 것은 그 자체로 큰 감사입니다. 전반전부터 감독이 나를 주전으로 투입시켜 준 것이 감사한 것입니다.

한마디로, 그 선수의 진정한 보상은 월드컵에서 선수로서 받는 돈보다는 그라운드에서 뛰는 그 자체인 것입니다. 주전으로 뛰는 것 그 자체가 보상입니다. 그 영광스러운 경기에서 선수로서 골도 넣고, 패스도 하고, 드리블도 하면서 경기를 하는 것이 상급입니다. 수만 명 관중들의 환호성도 듣고, 온 국민이 보는 앞에서 경기를 하는 그 영광과 명예스러움! 그것이 바로 축구 선수로서 받는 최고의 보상인 것입니다.

주전 선수를 생각하면서 일찍 온 품꾼을 보시길 바랍니다. 지금 일

찍 온 품꾼이 한 데나리온 받은 것 그것이 보상의 전부가 아닙니다. 주인과 함께 주인의 일에 일찍부터 참여한 그 자체가 큰 보상입니다. 전반전에 출전한 것처럼 오전 6시부터 그 영광스럽고 복된 일에 동참하여 주인의 일에 자신의 노력과 정성과 마음과 온 힘을 다 드렸다는 그 자체가 그 품꾼에게는 가장 큰 기쁨과 영광이요, 참 보상입니다.

이것을 본다면, 먼저 온 사람은 후보 선수로 그냥 벤치에 앉아 있다가 후반 종반이 되어 투입된 일꾼을 오히려 불쌍하게 보아야 합니다. 일이 끝나기 한 시간 전에 온 그 일꾼이 안쓰러워 보여야 하는 겁니다. 주님께서 말씀하시는 요지가 바로 이것입니다.

우리처럼 부족하고 추한 자가 왕의 백성으로 인정받아서 그 영광스러운 하나님나라의 일을 할 수 있다는 것 자체가 얼마나 큰 은혜입니까! 지금 '나'라는 사람이 하나님의 그 거룩한 일을 세상과 교회에서 할 수 있다는 것 자체가 보상입니다. 한번 벤치에 앉아서 축구 경기를 지켜보기만 한다고 생각해 보세요. 거기에는 기쁨이 없습니다.

때때로 우린 일찍 온 품꾼처럼 벤치에서 경기를 지켜보기만 하는 성도를 부러워할 때가 있습니다. 이 현재적 하나님나라에 대한 바른 상급을 이해하지 못하면, 우린 항상 불만을 품고 불평할 수 있습니다. 그래서 우리는 남들보다 먼저 성도가 된 것이 마치 손해인 것처럼 생각하기도 합니다.

부목사로 사역을 할 때에 응급실에서 급한 심방을 한 적이 있습니다. 그는 구역에서 유명한 사람이었습니다. 평생 동안 아내가 신앙생활 하는 것을 핍박하고 힘들게 한 남편이었습니다. 재력도 있고 외모도 출중하여서 세상에서 누릴 것은 다 누리며 산 사람이었습니다. 그런데 이제 나이 들고 병까지 얻어 죽음이 임박하게 된 것입니다. 그래서 그 아내 집사님이 저에게 마지막으로 예수님을 소개해 주었으면 좋겠다고 하여 저와 구역원들이 함께 심방을 하게 되었습니다. 제가 복음을 제시하게 되었고, 그렇게 완강하게 예수님과 교회를 거부했던 그 사람은 하나님의 때가 되어서 그런지 너무나도 쉽게, 또 확실히 예수님을 영접하게 되었습니다. 얼마나 기쁘고 좋았는지 모릅니다. 아내는 기뻐 눈물을 흘렸고, 함께했던 구역원들도 모두 감사하였습니다. 모든 심방이 끝난 후에 병원에서 나오는데, 구역원들끼리 서로 이런 이야기를 하는 것입니다.

"아! 부럽다! 저 사람은 세상 것 다 누리고, 죄란 죄는 마음껏 다 지어놓고 마지막에 예수까지 믿게 되어 천국도 가네!"

그렇게 말하는데 은근히 부러워하는 눈빛이었습니다. 그러자 또 다른 한 집사님은 이렇게 말하는 것입니다.

"우린 빨리 예수 믿어서 죄도 마음대로 짓지 못하고, 가고 싶은 데도 못 가고, 하고 싶은 것도 못하고……."

받은 후 집 주인을 원망하여 이르되 나중 온 이 사람들은 한 시간밖에 일하지 아니하였거늘 그들을 종일 수고하며 더위를 견딘 우리와 같게 하였나이다마20:11~12

지금 이 집사님들의 행동이 바로 이렇게 원망하는 품꾼의 모습이 아닙니까! 현재적 하나님나라에서 성도가 받는 상급을 제대로 알지 못하면, 누구나 이런 오해를 할 수 있습니다.

그렇다면 우리의 보상은 무엇입니까? 교회 안에서는 예배시간에 주님과 함께 하는 그 자체가 보상입니다. 주일예배에, 수요예배에, 금요예배에, 이렇게 예배 때마다 참여하여 사랑하는 주님을 뵙고 은혜받으며 즐거워하면서 주님과 영적인 로맨스를 체험하는 것이 은혜입니다. 새벽에 눈 비비면서 그날 첫 시간에 주님과 독대하는 것, 그래서 사랑하는 주님과 속삭이고 그분의 얼굴빛을 보는 그 특권이 참 보상인 것입니다. 전도지를 들고 복음을 전하고 기도하면서 세계를 품음으로써 주님의 거룩한 일에 나의 전도와 기도가 동참된다는 사실을 생각하면 전율에 휩싸이게 됩니다.

세상 안에서는 하나님나라의 사람으로서 주님께서 능력이심을 보여주는 그 자체가 보상입니다. 힘이 들어도 하나님 말씀대로 순종하며 세상의 가치관과 싸우는 것이 상급입니다. 비록 세상적으로는 힘이 없더라도, 그 안에서 내게 주신 달란트대로 성실하게 해 나가면서 기쁨과 소망과 감사를 누리는 그 자체가 보상입니다. 세상의 빛과 소금의 사명을 받아 일하는 것이 보상입니다. 세상적으로 높든 낮든, 크든 작든, 많든 적든, 이런 것과는 상관없이 주님께서 나의 힘이 되어 행복할 수 있는 것이 보상입니다. 십자가로, 말씀으로, 치유로, 채움으로 왕이신 예수님의 다스림을 받고 있는 것, 이것이 보상입니다.

하나님을 닮아가는 것이 참된 보상

이에 베드로가 대답하여 이르되 보소서 우리가 모든 것을 버리고 주를 따랐사온대 그런즉 우리가 무엇을 얻으리이까마19:27

부자 청년과 예수님의 대화를 엿들은 베드로는 묻습니다. 우린 다 버리고 주님을 따랐으니 주어지는 보상이 무엇이냐고, 예수님께 묻습니다. 이를 들은 예수님께서 포도원 품꾼 이야기를 들려 주셨던 겁니다. 사실 예수님의 입장에서는 베드로의 질문이 기가 막힐 수밖에 없었을 터입니다.

예수께서 이르시되 내가 진실로 너희에게 이르노니 세상이 새롭게 되어 인자가 자기 영광의 보좌에 앉을 때에 나를 따르는 너희도 열두 보좌에 앉아 이스라엘 열두 지파를 심판하리라 또 내 이름을 위하여 집이나 형제나 자매나 부모나 자식이나 전토를 버린 자마다 여러 배를 받고 또 영생을 상속하리라마19:28~29

예수님께서는 베드로에게 "여러 배를 보상하리라"라고 말씀하십니다. 여기서 '여러 배'라는 것은 어떤 보상일까요? 한 데나리온이 여러 데나리온으로 바뀌는 보상입니까? 아닙니다. 마태복음 20장에서 이미 그런 보상이 아니라고 포도원 품꾼 비유를 통해 말씀하고 있습니다.

그러면서 여러 배의 보상이란, 베드로를 포함한 제자들이 하나님의 아들인 자신과 함께 다니는 것이라고 예수님께서는 말씀하십니다. 주님과 함께함으로 참 제자가 되고 주님을 닮아가는 그것! 그래서 겸손해지고, 온유해지고, 정직해지고, 성실해지는 것! 그것이 보상이며 감사입니다. 한마디로, 작은 예수로 바뀌는 내 모습 자체가 보상입니다.

하나님께서는 우리에게 미래적 하나님나라에서 받을 상금을 걸어놓고 당신의 성품에 참여하는 자리에까지 순종하며 성장하기를 바라십니다. 그래서 하나님께서는 '상급'을 보여주시면서 우리에게 '성장', '변화', '다움'이라는 것을 요구하십니다.

그렇다면 아버지 하나님을 닮아간다는 것은 구체적으로 어떤 삶일까요?

첫째, 성령의 열매를 맺는 보상

하나님의 나라를 유업으로 받지 못할 것이요 오직 성령의 열매는 사랑과 희락과 화평과 오래 참음과 자비와 양선과 충성과 온유와 절제니 이같은 것을 금지할 법이 없느니라갈5:21~23

우리는 삶 속에서 성령의 열매들을 맺게 되는데, 그것이 바로 성령의 아홉 가지 맛을 내는 열매입니다. 이것이 하나님나라의 유업이라고 성경은 말씀합니다. 그래서 보상은 죄로 인해 썩은 열매만을 맺을 수밖에 없었던 우리가 주님의 부르심으로 인해 신령한 것들을 맺을 수 있게 된 것입니다. 사랑, 희락, 화평, 오래 참음, 자비, 양선, 충성, 온유,

절제라는 열매가 나에게로부터 나올 수 있다는 것 자체로 우리는 보상을 받게 된 것입니다. 주님의 사역에 동참함으로 얻게 되는 놀라운 상급입니다.

둘째, 선한 일을 할 수 있는 능력을 가지는 보상

모든 성경은 하나님의 감동으로 된 것으로 교훈과 책망과 바르게 함과 의로 교육하기에 유익하니 이는 하나님의 사람으로 온전하게 하며 모든 선한 일을 행할 능력을 갖추게 하려 함이라_딤후 3:16~17

하나님의 말씀, 즉 하나님과 함께함으로 인해 이전에는 도저히 불가능했던 모든 선한 일을 행할 능력을 갖게 되는 것이 보상입니다. '선한 일'은 착한 행동을 말하는 것이 아니라 하나님의 일을 하는 것을 뜻합니다. 성경에 언급된 '선'은 '하나님'을 의미합니다. 그러니 근본적으로 선한 일은 불신자들이 할 수 있는 것이 아닙니다. 그렇기에 선한 일을 할 수 있는 것, 이것이 그리스도인으로서 우리가 이 땅에서 받는 상급이고 보상입니다.

셋째, 거룩해지는 보상죄를 싫어하는 보상

나는 너희의 하나님이 되려고 너희를 애굽 땅에서 인도하여 낸 여

호와라 내가 거룩하니 너희도 거룩할지어다레11:45

너희 마음을 굳건하게 하시고 우리 주 예수께서 그의 모든 성도와
함께 강림하실 때에 하나님 우리 아버지 앞에서 거룩함에 흠이 없
게 하시기를 원하노라살전3:13

하나님을 닮아가는 것을 가장 잘 표현한 용어는 '거룩'레11:45입니
다. 거룩은 하나님의 가장 큰 속성이기 때문입니다. 우리가 그리스도
인이 된다는 것은, 이제 죄에 대해서 대항할 수 있는 자격과 힘이 생겼
다는 의미입니다. 이 죄에 대해서 피 흘리기까지 싸울수록 우리는 그
만큼 거룩해집니다. 그만큼 하나님을 많이 닮아가고 있는 것이고, 그
로 인해 자기 자신이 지금 이 땅에서 상급을 받고 있는 것입니다.

미래적 하나님나라에서 받을 상급

그 주인이 이르되 잘하였도다 착하고 충성된 종아 네가 적은 일에
충성하였으매 내가 많은 것을 네게 맡기리니 네 주인의 즐거움에
참여할지어다 하고 마25:21

현재적 하나님나라에서의 삶을 잘 살아갈 수 있는 것은 미래에 우
리가 하나님께로부터 받을 상급이 있기 때문입니다. 재림 후에 심판대
에서 받을 상과 벌에 대한 의식은 성도로서 한시도 잊지 말아야 할 중
요한 부분입니다. 주님의 재림 이후에 반드시 상급이 있다는 것을 성
경 여러 부분에서 찾아볼 수 있습니다.

불의를 행하는 자는 그대로 불의를 행하고 더러운 자는 그대로 더
럽고 의로운 자는 그대로 의를 행하고 거룩한 자는 그대로 거룩하
게 하라 보라 내가 속히 오리니 내가 줄 상이 내게 있어 각 사람에
게 그가 행한 대로 갚아 주리라 계22:11~12

선지자의 이름으로 선지자를 영접하는 자는 선지자의 상을 받을
것이요 의인의 이름으로 의인을 영접하는 자는 의인의 상을 받을
것이요 또 누구든지 제자의 이름으로 이 작은 자 중 하나에게 냉

수 한 그릇이라도 주는 자는 내가 진실로 너희에게 이르노니 그 사람이 결단코 상을 잃지 아니하리라 하시니라마10:41~42

이러한 구절 외에도 성경의 많은 부분에서 천국에서 받을 상급에 대해 언급하고 있습니다. 죽음 이후에 새하늘과 새땅에서 하나님께서 우리에게 주실 상급은 반드시 있으며, 이러한 상급을 소망하며 사는 것이 수준이 낮다거나 또는 아예 생각지도 않고 살아가는 것은 분명 잘못된 것입니다.

새하늘과 새땅에서 받을 상급의 오해

하나님께서 주시는 미래적 하나님나라의 상급은 지금 살고 있는 세상에서 주시는 것과는 근본적인 차이가 있습니다. 천국에서 받을 상급은 이 땅에서 말하는 많고 적음의 형태를 보이지 않습니다. **그곳은 그 상급으로 인해 서로 간의 비교의식이 생길 수가 없는 곳이기 때문입니다.**

또 내가 보매 거룩한 성 새 예루살렘이 하나님께로부터 하늘에서 내려오니 그 준비한 것이 신부가 남편을 위하여 단장한 것 같더라 …… 모든 눈물을 그 눈에서 닦아 주시니 다시는 사망이 없고 애통하는 것이나 곡하는 것이나 아픈 것이 다시 있지 아니하리니 처

음 것들이 다 지나갔음 이러라계21:2~4

새하늘과 새땅은 눈물도, 애통도, 곡하는 것도, 아픈 것도 없는 곳입니다. 우리에게 눈물과 애통과 아픔은 많은 부분에서 남들과 비교해서 생겨나는 세상적인 죄의 산물입니다. **상대방과 비교해서 열등감과 우월감이 생기는 곳이 된다면, 그곳은 이미 천국이 아닙니다.** 그래서 이런 것이 없다는 것은 장차 갈 미래적 하나님나라에는 어떤 비교의식도 존재하지 않는다는 것을 말합니다. 우리가 받을 상급의 차이 때문에 우리의 수준과 등급이 매겨지는 곳이라면, 그것 때문에 어떤 사람은 우쭐해지고 받지 못한 사람은 기가 죽는 그런 곳이라면, 이미 우리가 생각하고 바라는 천국이라고 할 수 없습니다. **지옥 안에서 덜 힘든 곳이 있다면 이미 그곳은 지옥이 아니듯, 천국 안에서도 더 좋은 조건의 천국이 있다면 그곳은 이미 천국이 아닙니다.**

불의를 행하는 자는 그대로 불의를 행하고 더러운 자는 그대로 더럽고 의로운 자는 그대로 의를 행하고 거룩한 자는 그대로 거룩하게 하라 보라 내가 속히 오리니 내가 줄 상이 내게 있어 각 사람에게 그가 행한 대로 갚아 주리라계22:11~12

"내가 줄 상이 내게 있어 각 사람에게 그가 행한 대로 갚아 주리라", 이런 약속들이 천국에서 받을 상급에 대해서 오해하게 만드는 부분입니다. 하지만 천국의 성격상 그런 것많고 적음으로 인한 비교의식은 절대 용납될 수 없다고 하였습니다. 그것이 허용되는 순간 그곳은 이미 천국이 아니기 때문입니다. 12절의 "행한 대로 갚아 주리라"라고 하신 말씀 앞의 11절을 보면, 상급은 그 행위에 대한 갚음으로 주어지는 것이 아니라, 그가 어떤 존재인가에 대한 부분으로 주어진다고 말하고 있습니다. 어떤 존재인가 하는 것은 '불의한 자, 더러운 자'와 '의로운 자'의 구분을 뜻합니다. 그래서 이 '행한 대로'라는 것은 성도와 불신자에 대한 천국과 지옥의 심판을 의미합니다. 다시 말해서, 천국에서의 상급은 '행한 부분'을 두고 큰 집, 많은 재물, 좋은 환경을 받게 되는 것이 아님을 우리는 알 수 있습니다.

> 이 구원영생 곧 하나님나라의 생명은 우리가 계명하나님 사랑과 이웃 사랑을 지킴의 '공로'에 대해 주어지는 '상급'이 아니라, 하나님나라에 들어가 하나님의 통치를 받는 사람이 누리는 은혜의 선물입니다. (중략) 그러므로 '상급'이라는 언어를 하나님의 구원 위에 더 얻는 어떤 축복이라고 생각하는 것은 더더욱 있을 수 없습니다. 하나님의 구원이 있고, 그 위에 또 상급이 있어서, 상급의 크기에 따라 하나님나라에 어떤 등급이 있는 것처럼 말하는 것은 비성경적입니다.
>
> - 김세윤의 『고린도전서 강해』 중에서

"여자들은 자기의 죽은 자들을 부활로 받아들이기도 하며 또 어떤 이들은 더 좋은 부활을 얻고자 하여 심한 고문을 받되 구차

히 풀려나기를 원하지 아니하였으며"히11:35

이 구절에 '더 좋은 부활'이라는 어구가 등장하기 때문에 그들은 '좋은 부활'과 '더 좋은 부활'을 구분하고, 이 세상에서 열심히 전도하고 교회에 봉사하는 이들에게는 '더 좋은 부활'더 좋은 부활의 몸이 주어진다는 식의 주장을 **한다. 그러나 이러한 주장은 전혀 빗나간 해석에서 비롯된 것이다. 첫째, '더 좋은 부활'에서 비교하려는 대상은 현재 겪는 고난의 삶이지 부활체끼리의 비교가 아니다.**

가령 우리가 "더 나은 미래를 향해 나아가자!"라고 말할 때, 아무도 미래 가운데 '나은 미래'와 '더 나은 미래' 두 종류가 있다고는 생각하지 않을 것이다. '더 나은'이 비교하려는 대상은 현재의 상태다. 그렇다면 이 표현이 나타내고자 하는 것은 '(현재보다) 더 나은 미래'이다. 이와 똑같은 설명이 히브리서 11장 35절의 "더 좋은 부활"에도 해당한다. 부활체 사이에 더 좋고 덜 좋고의 차이가 있는 것이 아니고, '(현재 겪고 있는 고난의 실존보다) 더 좋은 부활'이 있다고 하는 것이다.

- 송인규의 『아는 만큼 깊어지는 신앙』 중에서

미래적 하나님나라에서 받는 상급은 세상적인 상급처럼 많고 적음의 차별이 있을 수가 없습니다. 전통적으로 배운 차등의 상급이 장차 갈 하나님나라에도 존재한다면 구원에 대한 하나님의 전적인 섭리에서 어긋나게 됩니다. 더 나아가, 현재적 하나님나라 사람으로서 헌신하고 봉사하면서 살아가는 영역이 근본적으로 하나님의 열심과 은혜로 되는 것임을 제대로 이해할 수가 없게 됩니다.

새하늘과 새땅에서 받을 진정한 상급

하나. 하나님의 완전한 통치 속의 삶을 누리는 것

구원의 극치는 "하나님을 봄마5:8, 또는 하나님의 온전함 또는 그의 신성에 참여함이요, 신적 무한의 자원으로 이루어지는 삶"입니다. 그러기에 그러한 무한한 삶, 온전한 삶에 어떤 부족함이 있을 수도 없고 (상급이 많음으로 인해) 더 무한해지고 더 온전해짐도 있을 수 없는 것입니다. (중략) 마태복음의 내용은 유대교의 상급사상과 관련된 표현이 많은 것은 사실입니다. 그러나 마태는 구원의 상태에 등급이 있는 것으로 말하지 않았습니다. 구원 자체가 상급인 것입니다.

- 김세윤의 『고린도전서 강해』 중에서

고린도전서 13장은, 우리가 지금은 거울로 보는 것 같이 희미하고 부분적으로 알지만 미래적 하나님나라에서는 서로의 얼굴과 얼굴을 보며 주께서 나를 아신 것 같이 내가 하나님을 온전히 아는 경지에 이른다고 말합니다. **하나님을 대면하고 그분을 온전히 알아서 그분의 다스림에 100% 순종할 수 있게 되는 나 자신이 되는 것입니다.** 이것이

진정한 천국 상급입니다. 주님의 성품과 똑같은 성품을 가진 나 자신이 되고, 주님의 지혜가 내 가운데 완벽하게 임하여 주님의 뜻대로 삶을 살아가는 그 놀라운 상급을 경험하는 것입니다.

미래적 하나님나라에서 받는 상급은 온전한 하나님의 통치를 받으며 사는 삶을 누리는 것입니다.

둘. 하나님의 인정과 칭찬을 받는 것

그 주인이 이르되 잘하였도다 착하고 충성된 종아 네가 적은 일에 충성하였으매 내가 많은 것을 네게 맡기리니 네 주인의 즐거움에 참여할지어다 하고 마25:21

미래적 하나님나라에서 받는 상급은 다름 아닌 하나님의 인정과 칭찬입니다.

구원받은 후 그들의 삶의 질에 따라 분명한 상급의 차이가 있습니다. 하나님나라를 위해 충성하고 순종하며 살았던 하나님나라 사람들에게는 하나님의 영광스럽고 품격 높은 칭찬과 인정이 있다는 것입니다. **이 인정과 칭찬은 엄청난 것이며, 절대 다른 무엇과 견줄 수 없는 것입니다.**

초등학교 시절, 선생님께서 반 아이들 중에서 저를 불러 심부름을 시키신 적이 있었습니다. 심부름을 다 한 뒤 여러 친구들 앞에서 저를 칭찬해 주셨습니다. 그때에 느낀 기쁨, 으쓱한 느낌, 만족감은 이루 말로 표현할 수가 없었습니다.

사실 그때 다른 한 명이 더 심부름을 했었습니다. 저에게는 교무실에 가서 출석부를 가져오라는 것이었고, 그 친구에게는 문방구에서 흰 봉투를 사 오라는 것이었습니다.

선생님의 심부름이기에 봉투를 사 오는 것도 좋고, 출석부를 가져오는 일도 좋습니다. 사실 그것은 별로 상관이 없습니다. 므나 비유 중에 잘한 종들에게 열 고을 권세와 다섯 고을 권세를 주었습니다. 그런데, 그 열과 다섯은 별 상관이 없는 것입니다. 그것은 칭찬과 인정의 한 형태이지 평가 기준이 아닌 것입니다. 봉투나 출석부나 무슨 상관이 있습니까? 열과 다섯이 무슨 상관이 있습니까? 중요한 것은 선생님이 나를 인정하셔서 심부름을 시킨 것이 중요한 것입니다.

그래서 달란트 비유나 므나 비유는 새하늘과 새땅에서 우리가 받을 상급의 크고 작음에 대한 설명이 아니라, 어떤 방식인지를 보여주는 것이라 할 수 있습니다. 그래서 우리는 이 땅에서 죽기까지 하나님 나라를 위해 사는 이유가 하나님께 더 많은 칭찬과 인정을 받기 위한 것임을 잊지 말아야 합니다. 세상 것을 위해 세상의 원칙대로 살면서 지낸 성도와 거룩한 싸움을 하면서 세상나라의 가치관을 포기하고 늘 성화를 위해 몸부림친 성도 사이에는 분명한 차이가 있습니다. 전자는 그만큼 하나님 앞에서 부끄러울 것불 가운데 받은 구원, 고전3:15이고, 후자는 그만큼 하나님 앞에서 감사하게 될 것입니다.

진정한 그리스도인이라면 이 땅의 삶이 끝나고 주님과 얼굴을 대할 때, 그분께서 나를 칭찬해 주시는 것만큼 황홀한 일이 있겠습니까! "영훈아! 너 참 수고했다. 난 너 때문에 참 기뻤다! 고맙다." 주님께서 저의 얼굴을 보면서 이 한마디 해 주신다면 이 세상에서 겪었던 모든 수고가 한순간 다 사라질 것이 분명합니다. 주님의 이 칭찬과 인정이면 저는 만족합니다. 많은 사람들이 천국에서 받는다고 여기는 그 금딱지, 넓은 집, 좋은 물건과 비교할 수 없습니다. 그런 것 필요 없습니다. 그저 하나님의 인정이면 전 만족합니다. 마찬가지로, 주님의 칭찬과 인정이면 우리 성도들도 이 세상에서 피 흘리기까지 죄와 싸우며 하나님의 영광 위해 사는 것에 대한 충분한 동기부여가 되지 않습니까? 이것 외에 무엇이 더 이상 필요하겠습니까?

면류관을 벗어 버리고

너희 중 누구에게 밭을 갈거나 양을 치거나 하는 종이 있어 밭에서 돌아오면 그더러 곧 와 앉아서 먹으라 말할 자가 있느냐 도리어 그더러 내 먹을 것을 준비하고 띠를 띠고 내가 먹고 마시는 동안에 수종들고 너는 그 후에 먹고 마시라 하지 않겠느냐 **명한 대로 하였다고 종에게 감사하겠느냐** 이와 같이 너희도 명령 받은 것을 다 행한 후에 이르기를 우리는 무익한 종이라 우리가 하여야

할 일을 한 것뿐이라 할지니라눅17:7~10

사실, 새하늘과 새땅에서 받을 상급은 우리가 당연히 요구할 수 있는 성격의 보상이 아닙니다. 하나님나라 사람이 되면, 마땅히 이 땅에서 그에 걸맞게 살아야 될 의무가 주어집니다. 그래서 말씀에서처럼 종이 종의 일을 할 뿐이지 상급이나 삯을 바란다면, 그는 이상한 종입니다. 당연히 해야 할 일을 한 것뿐입니다. 그것은 잘한 것도, 대단한 것도 아닙니다.

이처럼 **우리가 이 땅에 살면서 하나님의 일을 한 것에 대해 천국에서 받을 마땅한 상급이 있다고 여긴다면, 그것은 큰 오해입니다. 우리가 받을 그 상급은 하나님께서 우리에게 거저 주시는 은혜의 선물입니다.** 하나님 편에서 보상이나 상급으로 주시지 않아도 우린 아무런 불평이나 미련이나 기대를 품지 않는 것이 정상입니다. 그 이유가 무엇입니까? 상급을 받을 수 있는 나의 믿음의 선한 행위조차도 내 힘과 의지가 아니라 하나님께서 주신 힘과 성령님의 도우심으로 할 수 있기 때문입니다. 주체는 내가 아니라 하나님이시기 때문입니다. **우리가 남보다 하나님 앞에서 조금 더 잘한 것이 있다면, 그것도 결코 내가 잘해서가 아닌 하나님의 은혜와 간섭하심이 더 강하였음을 의미합니다.**

제가 전도사 때의 일입니다. 하나님께서는 우리 부부에게 집을 헌금하면 좋겠다는 감동을 주셨습니다. 우리는 그 말씀에 순종하여 똑같은 마음을 품고 기쁨으로 전 재산을 팔아 헌금하였습니다.

헌금을 드리고 예배를 드리는데, 얼마나 기쁘고 행복했는지 모릅니다. 나처럼 부족한 자에게 집을 드릴 수 있는 은혜와 감동과 믿음을 주셨다고 생각하니, 그런 영광을 주셨다고 생각하니 뛸 듯이 기뻤습니다. 예배시간 시작부터 마칠 때까지 눈물로 예배를 드렸습니다.

한번 생각해 보시길 바랍니다. 제가 모든 재산을 주님께 드린 후에, 이제 헌금 부분에서는 자신이 있었을까요? 없었을까요? 예! 자신이 있었습니다. 용기백배했습니다. 그 후로 헌금으로 갈등하고 힘들어하는 사람들을 보면 말로는 표현하지 않았지만, 나도 모르게 속으로는 은근히 수준이 낮은 성도들이라고 생각했습니다. 때론 헌금을 두고 그렇게 갈등하는 자체를 이해하지 못했습니다.

그리고 1년 정도가 지났습니다. 주일 오후 예배에 한 선교사님이 예고 없이 말씀을 전하시는 일이 있었습니다. 말씀 후에 헌금을 하는 시간을 갑작스럽게 가지게 되었습니다. 그런데 그때 제 주머니에 2만원이 있었습니다. 분명 하나님께서는 전부를 내도록 저에게 감동을 주셨습니다. 물론 만 원도 좋고, 2만 원도 좋습니다. 그런데 그때 저에게는 2만 원이었습니다. 그 시간에 저의 손을 주머니에 넣고서는 만 원을 잡았다가 2만 원을 잡았다가, 그렇게 난리가 난 것입니다. 그 작은 주머니 안에서 얼마나 치열한 전쟁이 일어났는지 모릅니다. 한 장 잡았다가 두 장 잡았다가, 헌금통은 나에게 점점 다가오고, 결국 얼마를 잡았겠습니까? 예, 한 장! 결국 만 원을 잡았고, 그것을 내었습니다.

예배를 마치고 집에 돌아오는데 제 자신이 얼마나 밉고 싫었는지 모릅니다. 헌금이든 돈이든 간에 물질적인 부분에서는 어느 정도 훈련이 되었다고 자부했던 저였습니다. 그런데 만 원짜리 한 장에 완전히 처절하게 무너지는 제 자신을 본 것입니다. 만 원짜리 한 장에 나의 신앙을 팔아먹었다는 생각에 제가 얼마나 속울음을 터트렸는지 모릅니다.

그렇게 속상해서 속울음을 울고 있는데, 그 순간 한 가지 깨달음이 생기는 것입니다. '아하! 최영훈이라는 자는 은혜가 떨어지면 만 원짜리 한 장도 내 마음대로 낼 수 없는 사람이구나!' 은혜가 충만하지 않으면, 성령으로 충만하지 않으면, 교회 안에 떨어져 있는 휴지 조각 하나도 줍지 못한다는 것을 알았습니다. 그 사건을 통해서 은혜 없으면 아무것도 아닌 자임을 확인한 것입니다.

그 후로 전 제 자신을 믿지 않기로 작정했습니다. 그러고는 나에게 스스로 별명 하나를 붙였습니다. 아니 호라고 할까요. 바로 '최만원'입니다. 전 가끔씩 내가 이 정도면 되었다 싶을 때, 교만이라는 괴물이 머리를 치켜들 때, 이 정도면 하나님 앞에서 떳떳하겠다고 생각될 때, 저는 빨리 거울을 찾습니다. 그리고 제 이름을 부릅니다. "최만원! 최만원!" 그럼, 그 교만한 마음이 사라지고, 하나님의 은혜로 사는 자임을 확인하게 됩니다. 저에게는 은혜밖에 없음을 압니다.

이런 사실을 확실히 깨달은 제가 전 재산을 바쳤다고 천국에서 당연히 상급을 받을 자격이 있다고 기대하겠습니까? 절대로 그럴 수 없습니다. 하나님의 은혜로만 가능했던 일이기에 더 이상 보상을 바라지 않습니다. 하지만 만약 그 행위를 귀하게 보셔서 하나님께서 저에게 칭찬과 인정으로 상급을 주신다면, 그건 정말 은혜의 상급입니다.

혹, 여러분은 어떤 면에서 자신 있는 부분이 있습니까? 교회를 십 년 다니고, 이십 년 다니고, 아니 평생을 다닌 분이 있습니까? 그래서 신앙생활을 하는 데 적어도 어떤 부분만은 자신하고 있습니까? 그 부분만큼은 하나님의 상급을 받을 준비가 되었다고 여깁니까? 예! 하나님께서 상급을 주실 것입니다. 하지만 그렇게 할 수 있는 이유는 주님께서 여러분을 붙드셔서 가능한 것입니다. 주님의 은혜가 여러분을 사로잡은 것입니다. 한순간도 그 은혜를 맛보지 않으면 우린 아무것도 아닙니다. 아무것도 못합니다.

그래서 천국의 상급을 받는 모든 사람의 행동에 대해 성경은 이렇게 묘사합니다.

이십사 장로들이 보좌에 앉으신 이 앞에 엎드려 세세토록 살아 계시는 이에게 경배하고 **자기의 관을 보좌 앞에 드리며** 이르되 우리 주 하나님이여 영광과 존귀와 권능을 받으시는 것이 합당하오니 주께서 만물을 지으신지라 만물이 주의 뜻대로 있었고 또 지으심을 받았나이다 하더라계4:10~11

개역한글판 성경에서는 10절의 "자기의 관"을 "자기의 면류관"이라고 번역하였습니다. **이 관은 하나님께서 우리에게 인정과 칭찬으로 씌워 주실 면류관입니다. 이 면류관을 성도들은 어떻게 하고 있습니까? 이 관을 받은 성도들은 그것이 은혜로 받은 상급임을 알기에 모든 공로를 하나님께 돌려 드립니다.** 이런 행위가 바로 자신이 하나님께 받았던 그 면류관을 다시 주님의 보좌 앞에 반납하면서 그분께 영광과 존귀를 돌리는 것입니다.

이것이 천국 상급을 받는 우리의 자세이고, 우리의 참 모습입니다. **내가 받을 칭찬과 인정이 너무나 크기에 그 면류관조차도 받기가 황송하여 벗어드리는 그곳이 우리가 갈 미래적 하나님나라이며, 우리가 받을 상급입니다. 할렐루야!**

Chapter 5

신앙의 함정

죄의식에 빠진 왕의 자녀들

죄의식의 모습

죄의식 벗기 1

하나. 바른 회개로 죄사함의 은혜를 누려라

둘. 성령의 음성과 사탄의 참소를 구별하라

셋. 자신의 신분으로 죄의식을 벗겨라

죄의식 벗기 2

그러나, 죄와 싸우라!

주님과 교제의 삶

평생을 거지로 산 소년이
있었습니다. 그 소년은 기상시간도 따로 없이 일어나고 싶을 때
일어납니다. 그러고는 어제 입었던 옷을 그대로 입고 얼굴도 씻
지 않은 채 밖에 나가 길거리를 어슬렁거립니다. 만나는 사람들에
게 구걸을 하고, 그렇게 해서 구한 돈으로 음식과 바꾸어 허기진
배를 채웁니다. 그러고는 길거리에 널브러져 낮잠을 잡니다. 잠이
깬 후엔 또 구걸하며 밤늦게 이리저리 정처 없이 돌아다니다가 아
무데서나 잠을 청합니다. 비록 어린 나이지만 이런 거지 생활을
평생 해 왔기에 그에게는 너무 익숙한 생활이 되었습니다.

그런데 이 거지는 사실 그 나라의 왕의 아들이었습니다. 그는
오래 전에 세력 다툼으로 인해 버려지게 되었고, 자신의 신분도
모른 채 거지로 살게 되었던 것입니다. 시간이 흐르고 거지 생활
을 한 지 수년이 지나자, 그 거지의 아버지가 왕이 되었고, 그는 하

루아침에 왕자가 되었습니다. 얼마나 좋았을까요? 그 거지 소년은 이제 잠자리 걱정, 끼니 걱정, 옷 걱정, 이런 의식주 걱정은 필요 없게 되었습니다. 어느 누구도 자기를 무시할 사람이 없고, 위협할 사람도 없게 되었습니다.

이렇게 하루아침에 그 소년은 거지에서 왕자의 신분으로 바뀌게 되었습니다. 그런데 그 소년에게도 편안하고 즐거운 것만 주어진 것은 아니었습니다. 왕자가 됨으로서 또 다른 문제가 생겼습니다. 신분은 왕자로 바뀌었지만 그의 행동과 습관은 여전히 거지였던 것입니다. 이러한 신분과 행동의 차이 때문에 좋았던 순간은 잠깐이었고, 그때부터 왕자의 신분에 걸맞은 교육을 받아야만 했습니다. 전에는 음식을 먹을 때 그냥 손으로 편하게 먹었는데, 이제는 익숙하지 않은 포크와 나이프로 오른손, 왼손에 맞게 잡고 먹어야 합니다. 그는 슬슬 불편한 것들이 많아지기 시작합니다. 전에는 그냥 입던 옷을 다시 입고 다니면 되었습니다. 하지만 지금부터는 격식과 장소에 맞게 옷을 입어야만 합니다. 말 한마디도 함부로 하지 못하고, 왕족으로서 사용해야 될 말만 해야 합니다. 지금까지 배우지 못했던 글도 배워야 되고, 왕자로서 갖추어야 될 병법, 정치, 학문 등에 대한 학습도 빠지지 않고 해야 되었습니다.

거지에서 왕자가 된 소년은 처음에는 너무 좋았습니다. 하지만 그에게는 여태껏 생각지도 않았던 힘든 배움의 과정들이 주어진 것입니다. 왕자가 되는 순간 결코 피할 수 없는 운명적인 과제들이 주어진 것입니다.

이것이 진정한 왕의 자녀로서 이 땅에서 살아가는 모습입니다. 세상나라의 힘의 문화가 지배하는 이 땅에서 성도로서, 하나님의 자녀로서 산다는 것은 이런 어색함을 동반하는 싸움의 과정입니다.

하나님의 자녀가 되는 순간, 성도는 이제까지 그냥 해 왔던 자신의 모든 삶의 패턴을 바꾸어야 합니다. 전에는 그냥 자연스럽게 여겨졌던 것들이 이제는 하지 말아야 하는 죄의 덕목이 되어 버렸습니다. 그래서 이제는 하루하루 산다는 것이 쉽지 않은 삶이 되었습니다. 하나님나라 성도로서 가인의 문화와 바벨의 가치관이 지배하는 세상나라에서 산다는 것이 그렇게 부자연스러울 수가 없습니다. 마치 왕자가 된 거지처럼 말입니다.

그러하기에 우리는 바뀐 신분과 살아온 습관의 차이 때문에 갈등하게 됩니다. 그 갈등 속에서 넘어지는 일이 태반일 것입니다. 죄를 짓는 것에 너무 익숙해져 있기에 하나님의 말씀에 순종하는 것 자체가 힘들 때도 분명 많을 것입니다. 그런데 더 큰 문제는 하루도 빠짐없이 넘어진다는 사실입니다.

그럼 이런 우리들에게 어떤 현상이 생깁니까? '내가 정말 왕자가 맞는가?' '내가 정말 하나님나라의 사람, 하나님의 자녀가 맞는가?' 이런 의심이 생겨납니다. **교회 밖에서는 불신자처럼 살고, 교회 안에서는 신자처럼 사는 가증스러운 자신의 모습 때문에 괴롭습니다. 남들에게는 거룩한 것처럼 행동하지만 속으로는 부정한 자신의 모습으로 인해 좌절합니다. 그래서 그것으로 인해 죄책감과 죄의식이 생겨 힘든 신앙생활을 합니다.** 결국 기쁨, 즐거움, 행복 중 그 어떤 것도 자신의 신앙생활에서 찾아볼 수 없음을 발견합니다. 예수 믿는 것은 확실한데, 예수 믿는 자로서 제대로 행동하지 못하는 모습 때문에 힘들어합니다. 그렇다고 예수님을 버릴 수도 없습니다. 그래서 예배를 드리거나 봉사할 때마다 자신의 이중적이고 가식적인 모습을 보면서 죄의식에 빠져듭니다.

우리는 미래에 완성될 하나님나라에 이르기 전까지 죄로부터 완전히 자유할 수 없습니다. 그러나 우리는 죄를 지은 후에 스스로 힘들게 하고 신앙생활에 힘을 빠지게 하는 죄의식과 죄책감에서는 자유할 수 있습니다.

성도는 이 죄의식과 죄책감으로부터 자유하여야만 하나님나라의 사람으로서 제대로 생활할 수 있습니다.

죄의식에 빠진 왕의 자녀들

죄의식의 모습

그 후에 예수께서 디베랴 호수에서 또 제자들에게 자기를 나타내
셨으니 나타내신 일은 이러하니라 시몬 베드로와 디두모라 하는
도마와 갈릴리 가나 사람 나다나엘과 세베대의 아들들과 또 다른
제자 둘이 함께 있더니 시몬 베드로가 나는 물고기 잡으러 가노라
하니 그들이 우리도 함께 가겠다 하고 나가서 배에 올랐으나 그
날 밤에 아무 것도 잡지 못하였더니요21:1~3

요한복음 21장 1절에서 "그 후에"라는 구절은 '예수님께서 부활하
셔서 제자들을 몇 차례 만난 후'라는 뜻입니다. 베드로는 예수님의 십
자가의 죽음을 앞두고 "모두 주를 버릴지라도 나는 결코 버리지 않겠
나이다"마26:33라고 큰소리쳤던 인물이었습니다. 그의 예수님을 향한
열심은 다른 제자들보다는 훨씬 더 강하였다는 것을 우리는 알고 있습
니다. 하지만 그런 그가 결국에는 예수님을 세 번이나 부인하였고, 그
죄 때문에 깊은 죄의식에 빠져버렸습니다.

**그런데 그 죄의식과 죄책감이라는 것이 얼마나 강한 것인지 베드로
는 부활하신 예수님을 보고도 더 이상 예수님을 따를 생각도, 어떤 사**

역을 할 생각도 하지 못했습니다. 그냥 모든 것을 포기한 채 다시 고기 잡는 어부로 돌아가 버렸습니다. 죄의식이 얼마나 컸던지 부활하신 주님을 몇 번이나 보았음에도 불구하고, 부활을 의심하지 않고 믿음에도 불구하고, 그는 어떤 것도 도전할 수 없었습니다. 자신은 이제 더 이상 예수님의 제자가 될 수 없다고 확신했던 것입니다. 그래서 그는 모든 것을 자포자기한 듯 자기 동료들에게 고기 잡으러 간다고 말하고는 고향으로 돌아가는 모습을 보입니다.

이것이 죄의식의 무서움입니다. 죄의식에 빠져 버리면 신앙생활에 큰 타격을 받아 무력감에 사로잡히게 됩니다.

제가 대학생 시절에 가끔씩 겪었던 일입니다.

주일 아침에 일어나서 정신없이 허겁지겁 예배를 드리기 위해 준비하고 교회 의자에 앉습니다. 그런데 예배를 드리려고 하면 그 주간에 지었던 죄가 파노라마처럼 지나가는 것입니다. 그런 생각 속에서 제 자신이 스스로에게 이러는 것입니다.

'야! 너 참 뻔뻔스럽다! 어떻게 아무런 일 없는 것처럼 그렇게 태연하게 앉아 있냐? 네가 지금 여기서 찬양하고, 기도할 자격이 되냐? 네가 지은 죄를 생각해 봐!'

그러면서 예배에 집중이 안 됩니다. 마치 이곳에 아무렇지도 않은 듯 앉아 있는 제 자신이 너무 가증스러워 보이는 것입니다. 이렇게 힘든 마음을 겨우 추스르면서 예배를 드린 후에, 교사로서 청소년부 예배에 참여하여 아이들과 함께 예배를 드립니다. 그리고 반별 공부 시간에 아이들 앞에 서는데, 제 맘속에 또 이런 소리가 들립니다.

'야! 너 참 낯짝 두껍다! 어떻게 그런 죄를 짓고서 아이들 앞에서 가르치려고 드냐? 너도 못하는 것을 아이들에게 가르치냐? 어떻게 기도 한번 안 하고, 성경 한 장 제대로 안 읽으면서 아이들에게 기도하라고, 성경 보라고, 바르고 거룩하게 살라고 말하고 있냐? 너 지금 아이들 앞에서 가면을 쓰고 뭐 하냐?'

그러면서 아이들 앞에서 한쪽 머리로는 가르치고, 다른 한쪽은 죄의식에 사로잡혀서 어찌할 바를 모르는 것입니다. 이런 생각으로 하루 종일 교회에서 예배드리고, 봉사하고, 헌신하면서도 뭔가 시원스럽게 은혜 가운데 들어가지 못하고, 온전히 주님과 관계하지 못하여서 힘들어한 적이 한두 번이 아니었습니다.

이런 현상이 좀 더 심해지면 베드로처럼 고기 잡으러 가고 싶은 마음까지 생깁니다. '그래! 내가 교사를 그만두는 것이 아이들을 위한 것이야! 찬양팀? 내 찬양이 어떻게 하나님께 영광이 되겠어? 아마 예배에 방해만 될 거야! 내가 양심이 있다면 그냥 교사도 그만두고, 찬양팀에서도 물러나는 것이 맞아! 그냥 조용히 한쪽에서 예배나 드리고 가자!' 이렇게까지 됩니다.

이 모든 것이 베드로가 보였던 죄의식으로 인한 도피 신앙인 셈입니다. **베드로가 가진 죄책감 콤플렉스에 빠지면 아무리 열심히 봉사하고 신앙생활을 잘 했더라도 행복한 성도로서 산다는 것은 불가능합니**

다. 그렇게 해서 심해지면 결국 교회까지 등져 버리게 됩니다.

한국교회 성도들 중에 신앙생활을 열심히 하다가 하루아침에 교회를 향한 발걸음을 뚝 끊는 경우를 심심치 않게 봅니다. 그 이유 중의 상당수가 베드로처럼 죄책감 콤플렉스에 빠져서 그런 것입니다.

그렇다면 이것을 어떻게 해결해야 할까요? 어떻게 하면 이 죄의식에서 자유하여 하나님을 전심으로 섬기며 담대하게 신앙생활을 할 수 있을까요? 죄를 짓지 않으면 될까요? 예! 그럼 쉽게 문제가 풀립니다. 그러나 우리는 평생 죄와 함께 있을 것이고, 죄를 지으면서 살 수밖에 없는 자들입니다. 우린 죄로부터 스스로 자유할 수 없습니다. 다만, 우리에게 있는 한 가지 희망은 이 죄의식으로부터 벗어날 수 있다는 것입니다.

죄의식 벗기 1

하나. 바른 회개로 죄사함의 은혜를 누려라

우리에게 있는 대제사장은 우리의 연약함을 동정하지 못하실 이 가 아니요 모든 일에 우리와 똑같이 시험을 받으신 이로되 죄는 없으시니라 그러므로 우리는 긍휼하심을 받고 때를 따라 돕는 은 혜를 얻기 위하여 은혜의 보좌 앞에 담대히 나아갈 것이니라히 4:15~16

죄의식이 언제 우리를 더 괴롭힙니까? 그것은 반복적인 죄, 습관적 인 죄 때문에 죄책감이 생길 때입니다.

한두 번은 우리가 주님께 죄를 고백하여 회개할 용기를 가집니다. 예수 그리스도의 보혈이 우리를 깨끗케 한다는 사실을 믿고 확신하니 까 말입니다. 그런데 문제는 몇 주 전에 회개했던 그 죄를 지난주에도 다시 짓게 되고, 이번 주에도 또 다시 지으면 정말 난감한 것입니다. 사 실 지난주까지 주님 볼 면목이 없어도 한번 눈 질끈 감고 다시 똑같은 죄를 고백했습니다. 그런데 이번 주도 그 죄를 짓고서 교회에 버젓이 앉아 있습니다. 이럴 때 죄의식이 들어오면서 힘들어지게 됩니다. 이 정도가 되면 내 속에 양심이라는 것이 발동하기 시작합니다.

그런데 이 양심을 통해서 사탄이 공격을 시작합니다. "네가 성도냐? 아니 성도는 그만두고 사람이냐? 어떻게 똑같은 죄를 그렇게 범할 수가 있냐? 그렇게 하고 또 예배드린다고 앉아 있는 모습을 보니까 너 참 대단하다. 너는 그냥 몇 주 동안은 교회 오지 마라! 그게 조금은 더 양심 있는 행동이다." 이러는 것입니다. 사실 지난주까지는 이런 소리도 무시했습니다. 사탄의 참소라며 대적기도까지 하였습니다. 그런데 지금은 스스로 자신을 보더라도 이건 정말 아닌 것입니다.

그런데 이런 상황에서도 답은 똑같습니다. **그래도 주님께서는 용서하신다는 것입니다. 반복되는 죄를 짓고도 참 회개를 한다면, 주님의 보혈로 죄사함을 얻고자 원한다면, 주님께서는 죄사함의 은혜를 주십니다.** 그리고 우린 의인이 되어서 주님 앞에서 당당하게 예배드릴 수 있습니다.

사실 이것은 상식적인 사람이라면 도저히 이해될 수 없는 부분입니다. 그래서 예수님께서 십자가를 지려고 이 땅에 오신 것입니다. **논리적으로도, 상식적으로도, 감정적으로도 말이 안 되는 것을 말이 되게 하시려고, 신이신 예수님께서는 정말 아무것도 아닌 우릴 위해 골고다에서 십자가에 달려 죽으셨습니다.** 구제받지 못할 이런 나를 구원하시기 위해, 그리고 밥 먹는 것보다 죄짓는 것이 더 쉬운 나를 의롭게 하시기 위해 예수님께서는 십자가를 지셔야만 하셨습니다. 하나님께서 자기 아들을 십자가에서 죽이셔야만 했던 것입니다. 반복되는 그 죄까지도 용서하시려고 십자가를 지신 것입니다. **그래서 이것을 복된 소식** Good News, **복음福音이라고 합니다.**

그런데 문제는 이 죄사함의 은혜를 온전히 누리지 못하도록 사탄이 '회개'에 대해 오해하게 만든다는 것입니다. 회개를 할 때에 십자가를 의지하는 것이 아니라, 인간의 의지를 보게 합니다.

신약 성경은 회개와 회심을 의미하는 세 개의 헬라어 단어를 사용한다. '에피스트레포'는 문자적으로 '돌아서는 것'을 의미한다. '메타노이아'종종 회개로 번역됨는 '마음을 바꾸는 것'을 의미한다. 「신약신학 사전」은 '메타노이아'가 "하나님을 대적하는 모든 것으로부터 조건 없이 돌아서서 무조건 그분에게 향하는 것"을 의미한다고 말한다. 세번째 단어 '메타멜로마이' 역시 '마음을 바꾸는 것'을 의미한다.

- 로날드 사이더의 『그리스도인의 양심선언』 중에서

'회개'와 '회심'이라는 단어가 성경에서 다양하게 표현되어 나온다는 것을 우린 압니다. 특히 '에피스트레포ἐπιστρέφω'라는 헬라어 단어는 '돌아서다'라는 행동을 포함하는 것처럼 보입니다. 하지만 그것은 **돌아서는 '행동'을 요구한다기보다는 그 돌아서는 '방향!', 곧 하나님께로 향하는 방향을 의미합니다.** 그래서 우리는 '에피스트레포'를 하나님을 향해서 눈을 돌려 자백한다는 의미로 이해해야 합니다.

회개는 '돌이킴turn back'이라고 말하는 신학자와 목회자들이 많습니다. **물론 회개를 한 후에 그 사람의 모습과 행동이 달라져 다른 삶을 사는 경우가 많습니다. 하지만 '회개'가 자신의 죄를 고백한 후에 바뀌**

어야 할 '행동까지 포함'하여 그 사람의 행동의 변화까지 이루어져야 되는 것으로 이해하고 있다면, 그것은 회개에 대해서 잘못 알고 있는 것입니다. 여기서 우린 회개에 대한 큰 오해를 가지게 됩니다.

죄를 고백하고 용서받은 후에 그 죄를 더 이상 짓지 않고 발을 돌이키고 행동의 변화를 보여주는 것은 신앙의 정석입니다. 우린 그렇게 되어야 합니다. 하지만 그렇다고 **행동의 변화까지 포함되어야**, 즉 이 '돌이킴'이라는 '행동'이 수반되어야 회개했다고 여긴다면, 그것은 이미 기독교가 아닙니다. 이것은 철저하게 인본주의에서 비롯된 사상이며 논리입니다.

십자가의 보혈을 의지하여 자신의 죄를 진심으로 고백하는 그 순간! 죄의 씻음을 위해 주님을 바라보는 순간! 회개는 이루어진 것이고, 용서받은 것입니다.

<참 회개와 거짓 회개의 차이점>

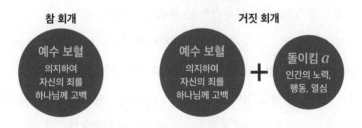

고백한 죄를 더 이상 짓지 않는 것은 주님께서 원하시는 것이고, 우리가 반드시 이루어야 될 거룩한 과제입니다. 하지만 그 '돌이킴'이 회

개에 포함이 된다면 문제는 심각해집니다. 왜냐하면 예수 그리스도의 보혈이 죄사함을 받는 부분에서 부족하다는 논리가 성립되기 때문입니다. 회개에 우리 인간의 결단과 노력과 열심이라는 '인본주의 알파'는 필요 없습니다. 예수 그리스도의 십자가의 보혈로 충분하기 때문입니다. 만약 회개에 어떤 식의 '알파'가 필요하다면 그것은 이미 복음도, 기독교도 아닙니다.

이렇게 가정해 봅시다.

저에게 어느 집사님을 미워하는 마음이 생겼습니다. 그 미워하는 마음이 점점 커져서 이제는 얼굴조차도 보기 싫은 정도가 되었습니다. 그런데 그것이 '죄'라는 성령님의 음성에 순종하여 하나님께 회개하였습니다. 정말 미워하는 것이 살인하는 것이라는 예수님의 말씀까지 생각나고, 미움을 하나님께서 얼마나 싫어하시는지를 깨달으면서 주님께 죄용서를 구하고 회개하였습니다. 이 회개는 십자가 보혈을 의지한 진심된 회개였습니다. 그리고 그 집사님에게 더 잘 하겠다고 다짐도 하였습니다.

그렇게 회개 기도를 한 후에 교회를 나서려고 하는데 마침 그 집사님과 마주친 것입니다. 미안한 마음과 좋은 마음을 가지고 그 집사님에게 반갑게 인사를 했습니다. 그런데 그 집사님이 인사도 제대로 받아 주지 않고 지나가는 것입니다. 그런 모습을 보면서 그 순간 또다시 미움의 마음이 생겨나게 되어 죄를 짓게 되었습니다.

이것은 회개한 지 3분도 채 안 되어서 생긴 일입니다. 또 미움의 죄를 지은 것입니다.

생각해 보세요. 그러면 3분도 지키지 못한 결단이 정말 회개였습니까? 이것이 죄에서 돌아선 것입니까? 적어도 3분은 너무하지 않습니까? 그러나 성경은 3분 전에 주님 앞에서 정말 진심으로 십자가를 의지하고 죄를 고백했다면 용서받은 것이라고 말씀하고 있습니다. 그 죄를 하루도 지나지 않아서 반복해서 짓든, 그것이 한 시간이든, 5분이든, 심지어 10초이든지 상관이 없는 것입니다.

만약 이렇게 짧은 시간에 똑같은 죄를 짓는 것이 참 회개가 아니라면, 여러분은 과연 어느 정도의 시간이 지나서 똑같은 죄를 지어야 이전에 했던 회개가 참된 것으로 여기겠습니까? 일주일? 한 달? 반년? 일 년? 평생? 과연 그 기준이 어떤 것입니까? 보십시오. 이런 우리의 모습들이 얼마나 인본주의 사고방식으로 '회개'에 자신의 행동이라는 것을 포함시켜 사유해 왔는지 보여줍니다. 그래서 얼마나 거짓 죄의식에 시달리는지 모릅니다. 사탄은 이런 것을 통해서 우리의 회개가 거짓이었다고 속이고 공격합니다. **그래서 이 '돌이킴'이라는 회개는 우리가 다음부터 그 죄를 반복하여 짓지 않는다는 의미가 아니라, 죄를 고백할 때에 십자가를 향하여, 하나님을 향하여 돌아섰는가를 말하는 것입니다.**

십자가의 능력을 과소평가하지 마시길 바랍니다. 반복되는 죄, 고범죄, 습관적인 죄에 대해서는 하나님도 어떻게 할 수 없다고 생각하는 인본주의 발상에서 벗어나시길 바랍니다.

하나님 앞에서도 떳떳하고 싶습니까? 믿는 것도, 생활하는 것도 떳떳하고 싶습니까? 이런 발상이 죄입니다. **떳떳하려고 애쓰지 마시길 바랍니다. 그냥 뻔뻔하시길 바랍니다.** 예수 그리스도의 보혈을 의지하여서 나의 삶이 어떠했든지 간에 뻔뻔스럽게 은혜의 보좌 앞에 나아가시길 바랍니다. 이것을 주님께서는 믿음이라고 하십니다.

이 뜻을 따라 예수 그리스도의 몸을 단번에 드리심으로 말미암아 우리가 거룩함을 얻었노라 제사장마다 매일 서서 섬기며 자주 같은 제사를 드리되 이 제사는 언제나 죄를 없게 하지 못하거니와 오직 그리스도는 죄를 위하여 한 영원한 제사를 드리시고 하나님 우편에 앉으사 그 후에 자기 원수들을 자기 발등상이 되게 하실 때까지 기다리시나니히10:10~13

그러므로 형제들아 우리가 예수의 피를 힘입어 성소에 들어갈 담력을 얻었나니 그 길은 우리를 위하여 휘장 가운데로 열어 놓으신 새로운 살 길이요 휘장은 곧 그의 육체니라히10:19~20

히브리서 10장 10절에 보면, 예수님께서 십자가상에서 몸을 "단번에" 드리셨다고 말씀합니다. 이제는 더 이상 소를 잡을 필요도 없고, 짐승의 피를 바를 필요도 없고, 죄인들이 짐승의 머리에 안수할 필요도 없습니다. 하나님의 아들 예수 그리스도께서 단 한 번의 죽음과 부활로 "영원한 제사"를 드리셨기 때문입니다.

성경이 이렇게 말하고 있음에도 불구하고, 우리는 우리 나름대로 인본주의 관점에서 더한 죄, 덜한 죄를 구별하며 죄사함을 위해 뭔가 예수님의 십자가의 보혈 외에 다른 어떤 행동을 덧붙여야 된다고 생각합니다. **죄의 무게와 죄의 횟수에 따라 회개에 따른 다른 조치가 필요하다고 여기는 것입니다.**

왜 예수님께서 단번에 영원한 제사를 지내신 것을 무시합니까? 왜 다시 구약시대로 돌아가서 안수를 하고, 짐승을 잡아 각을 뜨고, 피를 빼고, 불을 태우는 등 예수님의 보혈을 무시하는 그런 행동을 또 하고 있습니까? 예수님의 죽음이 우리 죄를 없애는 데 부족하다는 의미입니까? 이 죄는 크니까 좀 더 금식을 해야 될 것 같고, 좀 더 길게 기도해야 될 것 같고, 눈물 한 번 정도는 더 흘려야 될 것 같고, 나중에 행동이 바뀌기 전까지는 용서가 온전하게 되지 않았을 것 같다고 여기는 것입니까? 아닙니다. 주님께서는 이것을 너무 싫어하십니다. 십자가를 무시하는 행동이라 여기십니다. 어떤 죄를 지었든 간에, 그러니까 그 죄가 반복적인 죄이든, 큰 죄이든, 죄질이 나쁘든 상관없이 예수 그리스도의 보혈로 씻음 받으면 다 용서를 받은 것입니다. 그래서 "예수의 피를 힘입어 성소에 들어갈 담력을 얻었나니"히10:19라고 고백하는 것입니다. 이것이 복음입니다.

언제부터인가 교회 안에서 회개에 대한 인본주의적 기준을 내세워 예수님의 보혈의 능력을 한계 짓는 경우를 봅니다. 우리는 이런 부분에서 피 흘리기까지 싸워야 합니다. **사실 우리 그리스도인들이 심각하게 생각하면서 싸워야 될 가장 중요한 것은, 십자가의 보혈에 대한 가**

치가 절하되지 않도록 하는 것입니다. 이것은 신앙의 싸움에서 가장 큰 것 중 하나입니다.

둘. 성령의 음성과 사탄의 참소를 구별하라

내가 또 들으니 하늘에 큰 음성이 있어 이르되 이제 우리 하나님의 구원과 능력과 나라와 또 그의 그리스도의 권세가 나타났으니 우리 형제들을 참소하던 자 곧 우리 하나님 앞에서 밤낮 참소하던 자가 쫓겨났고계12:10

우리를 죄의식 속에 파묻혀 허우적거리게 하는 것은 바로 사탄의 거짓된 참소의 소리입니다. **사탄은 죄를 짓게 한 후 그것에 매이게 하려고 우리에게 죄의식으로 거짓된 참소를 합니다.** 그런데 사탄의 참소는 이제 하나님나라가 임하였기에 사라져야 된다고 요한계시록 12장 10절에서는 말씀하고 있습니다. 더 이상 그 참소는 우리에게 영향력을 미치거나 힘을 발휘하지 못한다고 합니다. 왜냐하면 이미 예수 그리스도께서 우리의 죄를 대신해서 십자가에 못 박혀 죽으셔서 사탄의 머리를 밟아 승리하셨기 때문입니다. 이 사실을 분명하고 확실하게 알아야 됩니다.

그리고 죄의식을 부추기고 죄책감을 주어서 하나님을 떠나게 하고 교회를 등지게 하는 메시지도 사탄으로부터 나오는 것임을 알아야 합니다.

그렇다면 자신에게 오는 죄에 대한 지적이 무조건 잘못된 것입니까? 무조건 사탄의 소리인 것입니까? 아닙니다. 죄에 대한 지적은 성령님께서도 하시는 일입니다. 사실 거룩한 성령님께서 내 심령 속에 계시기 때문에 우리 속에 더러운 죄가 있다면 오히려 그분께서 더 가만히 있지 못하십니다. 그렇다면 어떻게 내 심령 속에서 나오는 죄에 대한 지적이 성령님께서 주시는 메시지인지막1:15; 행2:38; 계3:19~20, 사탄이 주는 것인지 알 수 있습니까?

이렇게 구분하여야 합니다. 죄에 대한 지적이 올 때에 사탄으로부터 온 것은 우리에게 죄의식을 낳게 하고, 죄책감으로 괴롭게 합니다. 그래서 주님을 더 피하게 되고, 주님과의 관계의 끈을 놓게 만듭니다. 그러나 그것이 성령님의 감동으로 된 것이면, 자신의 죄를 가지고 더 예수님께 나아가게 만들고, 더 십자가를 붙들게 만듭니다. 예수님만이 유일하게 죄를 용서해 줄 수 있는 분이시기 때문입니다.

그래서 죄에 대한 지적은 우리에게 반드시 필요한 것인데, 그 지적이 어디로부터 왔는가 하는 것이 매우 중요합니다. 죄를 지적받을 때에 십자가를 더 붙들게 되면, 그 소리가 주님의 음성인 줄 알고 죄를 고백하며 하나님께 나아가십시오. 하지만 죄를 지적당하는 데 죄의식과 죄책감이 발동하게 되면, 그 소리는 무시하시길 바랍니다. 죄책감과 정죄감에 자신을 잡아 둔다면, 그 소리는 사탄의 참소임을 알고 사탄을 대적하시길 바랍니다. 그래서 참소를 하는 사탄에게 '그래! 사탄! 너 말대로 난 죄를 지었어! 하지만 그래도 하나님께서 날 의롭게 여겨

주신다고 했어! 하나님께서 괜찮다고 하셔! 내 죗값을 예수님께서 다 지불해 주셨어! 이제 난 의로운 자야!' 이렇게 하면서 그 거짓 참소를 무시하시길 바랍니다엄기영 목사의 강의 참조.

우리가 영적으로 더 성숙하면 사탄의 참소, 그러니까 죄책감을 주는 음성에 반응할 가치도 없다는 듯이 그냥 무시하게 됩니다. 아예 반응 자체를 하지 않고 주님을 바라봅니다.

다시 말해, 죄에 대한 성령님의 음성은 우리를 회개하도록 하고, 사탄의 참소는 우리를 죄의식 속에 빠지게 합니다.

셋. 자신의 신분으로 죄의식을 벗겨라

아내가 임신했다는 소식을 듣고 이렇게 기도하기 시작했습니다. "주님! 우리 아들이 남자로서 담대하게 하시고, 성품이 좋게 하시고, 마음도 넓어 다른 사람을 다 품을 수 있도록 하시고, 하나님 말씀과 부모님께 순종 잘 하는 사무엘과 같은 자가 되게 하시고……" 아이를 위해 기도를 참 많이 했습니다.

그런데 웬걸요. 얼마나 속이 좁은지요. 누가 가르쳐 준 것도 아닌데 조금만 혼을 내면 이불을 덮어쓰고 방에서 나오지 않는 것입니다. 3살짜리가 말입니다. 민감해서 잠은 안 자지요. 짜증은 많지요 매일 사고는 치지요. 제가 볼 때에는 말 안 듣는 사명을 가지고 태어난 것 같았습니다.

이런 아들이 집에서 떠들지 않고 갑자기 조용해지면 뭔가 사고를 치고 있는 것입니다. 어느 날 아내와 이야기를 하고 있는데 갑자기 집이 조용해졌습니다. 느낌이 이상해서 아들을 이리저리 찾기 시작하였습니다. 하지만 안방을 봐도 없고, 서재에도 없고, 거실에도 없고, 아무리 찾아도 없는 것입니다. 그때 아이가 3살이었습니다.

그런데 화장실에서 무슨 소리가 나는 것입니다. 화장실 문을 열어보니까, 이 녀석이 숟가락으로 변기통에 있는 물을 퍼먹고 있는 것입니다. 배를 보니 불룩한 것이 변기통의 물을 엄청 마신 것입니다. 얼마나 황당하던지요.

그런데 둘째인 딸도 우리의 기도와 다르게 자라고 있었습니다. 3살 때, 첫째와 같이 갑자기 아이가 없어진 것입니다. 또 화장실에서 소리가 났습니다. 변기통에서 머리를 감고 있는 것입니다.

제가 기가 차서, 하루는 아내를 소파에 앉히고 이렇게 말했습니다. "여보! 내 생각에는 이 두 녀석을 보니까 벌써 싹이 노란 것 같아요. 될 놈은 떡잎부터 안다고. 아무래도 이 둘은 가망이 없는 것 같아요! 말도 안 듣고, 사고만 치고, 또 성격이 저래서 어떻게 해요. 도저히 안 될 것 같으니까 우리 이 아이들을 데리고 조용히 제주도로 가서 누구 집 앞에 그냥 버려두고 옵시다. 그리고 우리 셋째를 다시 기대해 봅시다!"

이렇게 말하니, 아내 얼굴에 화색이 돌아오면서 "예, 여보! 그렇게 해요." 이렇게 말하는 것입니다.

이 이야기가 사실일까요? 정말 우리 부부가 그렇게 했을까요? 제가 이 이야기를 할 때, 단 한 사람도 우리 부부가 그렇게 했다고 믿지 않 았습니다. 저를 잘 알지 못하는 분들도 이 이야기는 안 믿을 것입니다. 정상적인 부모라면 이런 일은 불가능한 것임을 통상적인 상식으로 다 알고 있으니까요. 연약한 인간 부모도 자기 자식이 어떤 모습, 어떤 상 황에 있더라도 끝까지 사랑하고 지킨다는 것을 압니다.

그런데 이 이야기는 절대 아니라고 믿으면서, 어떻게 죄를 지었다 고 하나님께서 우리를 버릴 수 있다고 생각합니까? 한계가 있는 인간 적인 부모의 사랑도 그렇게 하지 않을 것이라 여기는데, 하물며 어찌 날 위해 자기 아들을 내어놓기까지 하신 하나님, 그 사랑의 본체이신 하나님께서 그렇게 하실 수 있다고 감히 상상을 하십니까?

죄의식은 우리가 반복되는 죄를 짓고, 또 좀 더 악한 죄를 지으면, 주님께서 우릴 외면하실 것이라고 여기기 때문에 생기는 것입니다. 절 대 그럴 수 없습니다. 부족한 육신의 아비인 저도 그렇게 할 수가 없는 데, 어떻게 하나님께서 그렇게 하실 수 있겠습니까? 죄의식과 죄책감 으로 주님을 멀리하고자 하는 마음이 바로 이런 잘못된 발상에서 나오 는 것입니다. 그 증거가 바로 아래의 말씀입니다.

누가 우리를 그리스도의 사랑에서 끊으리요 환난이나 곤고나 박 해나 기근이나 적신이나 위험이나 칼이랴 …… 내가 확신하노니 사망이나 생명이나 천사들이나 권세자들이나 현재 일이나 장래 일이나 능력이나 높음이나 깊음이나 다른 어떤 피조물이라도 우

리를 우리 주 그리스도 예수 안에 있는 하나님의 사랑에서 끊을

수 없으리라롬8:35~38

그 무엇도 주님의 사랑에서 우리를 끊을 수가 없습니다. 하나님의
아들 된 우리가 아버지이신 주님 앞에 나아가는 데 방해되는 것은 그
무엇도 있을 수가 없습니다.

제가 초등학교 3학년이고, 저의 누님이 5학년 때의 일입니다.
그해 어버이날을 맞아서 저랑 누님은 아버지를 위해 손수건을, 어
머니를 위해서는 스카프를 선물하였습니다. 부모님께 카네이션을
달아 드리고 나서 절을 꾸벅하였습니다. 지금 생각해 보면 제가
왜 그렇게 했는지 이해가 되지 않지만. 어쨌든 그렇게 한 후, 저는
"부모님! 절 키워주신 것 감사합니다. 이제부터 절대 누나와 싸우
지도 않고, 열심히 공부하겠습니다. 말씀 잘 듣겠습니다!"라는 이
런 기특한 말을 했었습니다.

아버지도 그 말에 기분이 좋으셨는지 지갑을 꺼내어서 우리들
에게 오천 원을 용돈으로 주셨습니다. 그런데 문제는 오천 원이었
습니다. 아버지께서 천 원짜리 다섯 장을 주시는 바람에 누님이랑
이천 원씩 나누고 나머지 천원을 어떻게 하느냐는 것 때문에 아버
지 앞에서 심하게 싸웠고, 결국 벌을 섰습니다.

한번 물어보겠습니다. 제가 그때 누나와 싸우지 않겠다고 했던 그

약속을 부모님이 믿었을까요? 안 믿었을까요? 예! 만약 믿었다면 큰일 났을 것입니다. 부모님께서는 그 마음은 기특하게 받으셨겠지만, 그 말은 절대 믿지 않으셨을 겁니다. 만약 그것을 믿으셨으면 저는 이미 호적에서 파였겠지요. 우리는 부모님께 이런 약속을 얼마나 많이 했습니까? 그러고는 그 약속을 얼마나 자주 어겼습니까? 부모는 자녀가 체질적으로 그 약속을 지킨다는 것은 불가능한 것임을 확실히 알고 있습니다. 그것이 부모입니다. 그리고 지키지 못할 그런 약속을 대책 없이 말하는 자들이 자녀입니다.

하나님께서도 마찬가지이십니다. 우리는 하나님께 자녀로서 얼마나 많이 회개를 하고, 얼마나 많은 약속을 합니까? 만약 하나님께서 우리의 결심과 약속을 다 믿으셨다면, 우린 이미 괘씸죄로 인해 이 자리에 아무도 없을 것입니다. 이미 우린 버림을 받아도 수천, 수만 번은 받았을 것입니다. 하지만 하나님께서는 우리의 아버지가 되셔서 우리를 믿는 것은 포기하시되, 우리를 사랑하기로 결정하신 분이십니다. 그래서 **우린 그분의 자녀이고, 주님께서는 우리의 아버지이십니다. 그래서 우린 오늘도 죄를 지음에도 불구하고 우리를 믿지 않고, 사랑하기로 결정하신 그분의 보좌 앞으로 담대히, 뻔뻔스럽게 나아가는 것입니다.**

죄의식 벗기 2

그러나, 죄와 싸우라!

율법이 들어온 것은 범죄를 더하게 하려 함이라 그러나 죄가 더
한 곳에 은혜가 더욱 넘쳤나니 이는 죄가 사망 안에서 왕 노릇 한
것 같이 은혜도 또한 의로 말미암아 왕 노릇 하여 우리 주 예수 그
리스도로 말미암아 영생에 이르게 하려 함이라 그런즉 **우리가 무
슨 말을 하리요 은혜를 더하게 하려고 죄에 거하겠느냐 그럴 수
없느니라 죄에 대하여 죽은 우리가 어찌 그 가운데 더 살리요**롬
5:20~6:2

죄를 지은 자는 그만큼 보혈의 능력을 체험합니다. 그만큼 자주 보
혈을 통해 죄를 용서받기 때문에 그 속에 죄사함의 은혜가 충만하게
됩니다. 이 보혈의 능력은 죄의식과 죄책감조차도 말끔하게 해결해 주
어 그것에서 충분히 자유하며 신앙생활 할 수 있도록 합니다.

그런데 여기서 한번 확인하고 넘어갈 중요한 사항이 있습니다. 우
리의 모든 죄는 회개하면 다 해결되고 용서받습니다. 반복적인 죄도,
어떤 큰 죄도 주님 앞에서 전심으로 용서를 구하고 보혈을 의지하면
깨끗하게 됩니다. 이런 관점에서 바울의 고백이 동일하게 우리의 고백

이 되는 것입니다. "**죄가 더한 곳에 은혜가 더욱 넘쳤나니 …… 그런즉 우리가 무슨 말을 하리요 은혜를 더하게 하려고 죄에 거하겠느냐**" 아무리 죄를 많이 지어도 은혜로 용서받으니 죄를 마음껏 지어도 상관없다는 논리가 생깁니다. 그렇다면 피 흘리기까지 죄와 싸우는 것! 반복되는 죄를 끊기 위해서 부단히 노력하고 주님의 도움을 구하면서 영적인 싸움을 하는 것! 자신의 육신이 원하는 대로 하지 않고 주님의 명령에 순종하려고 노력하는 것! 이런 것들은 과연 어떻게 바라보아야 하는 것입니까? 이런 거룩한 싸움이 의미가 없단 말입니까?

만약 하나님나라 사람으로서 죄를 짓지 않기 위해 애쓰다가 10가지 정도의 죄만 지은 사람과 그렇지 않고 죄가 많으면 은혜도 많다고 여겨 100가지 정도의 죄를 지은 사람은 어떤 차이가 있습니까? **결과적으로 한 부분은 똑같고, 다른 한 부분은 전혀 다릅니다. 무엇이 똑같습니까? 두 사람 모두 주님 앞에 와서 참 회개를 했다면, 죄를 용서받고 깨끗하게 된다는 것은 똑같습니다.** 이 죄사함의 은혜는 동일하게 받습니다. 10가지든 100가지든, 한번 짓든 반복해서 짓든 마찬가지입니다.

그러나 무엇이 다릅니까? 반복되는 죄를 지으면, 또 자주 죄를 지으면 회개하기 전까지는 죄를 지은 만큼 그의 안에서 성령님께서 탄식하시게 됩니다. 그러므로 죄를 자주 짓고, 반복해서 짓게 된다면 그 죄를 짓는 시간만큼 성도로서 누릴 참 행복과 기쁨을 맛보지 못하게 됩니다. 그 시간만큼 성령의 열매를 맺지 못하는 것입니다. 죄를 짓는 동안에는 그 가운데 평강이 없게 되는 것이고, 감사가 줄어들게 되어 있습니다. 이것이 죄의 결과입니다. 구원받은 성도가 감수해야만 되는 아

품입니다. 왜냐하면 성도가 되는 순간, 그리스도인은 영적으로 주님께서 주시는 것으로만 행복, 기쁨, 즐거움, 감사, 평강 등을 누릴 수 있기 때문입니다.

자녀가 집에서 부모의 말을 듣지 않고 지내고 있다면 어떠할까요? 예! 가시방석입니다. 부모의 뜻을 거스른다고 해서 그 부모와 자식 간의 관계가 끊어질 수는 없습니다. 하지만 그 뜻을 거스르는 시간 동안 자녀는 부모와의 대화도 끊어지고, 함께 있어도 불편합니다. 서로가 서로에게 기쁨이 되지 못하는 것입니다.

그래서 우리는 죄와 싸워야 합니다. 거룩을 위해 힘써야 합니다. 말씀에 순종하기 위해 뼈를 깎는 노력과 열심을 내어야 합니다. 그래야 하나님나라 사람으로서 누릴 수 있는 참 행복을 누릴 수 있기 때문입니다.

제가 백설공주 이야기를 가지고 패러디를 한번 해 보았습니다. 백설공주 이야기 아시죠? 백설공주는 멋지고 화려한 궁전에서 행복하게 살고 있었습니다. 그녀는 얼굴이 아주 예쁜 공주였습니다.

그런데 어느 날 자기를 사랑하던 어머니가 죽게 되었고, 그 후 계모가 새로운 왕비로 들어왔습니다. 그런데 그 계모는 얼굴 콤플렉스가 아주 심한 사람이었습니다. 그래서 그 왕비는 거울을 볼 때마다 누가 예쁘냐고 묻는 것이 취미였습니다. 이 질문을 할 때 처음에는 거울이 사실대로 "옆집 아줌마가 예쁩니다!"라고 했습니다. 그러면 왕비는 그냥 사정없이 거울을 깨고 심지어 그 옆집 아줌마까지 위협했습니다. 무조건 다른 여자가 예쁘다고 하면 이런 행동을 했던 것입니다. 정말 성격이 고약한 여자였습니다. 그래서 할 수 없이 거울은 살기 위해 거짓말로 "당신이 제일 예쁩니다!"라고 대답을 하였습니다.

그런데 이 계모가 궁전에 들어와서도 누가 예쁘냐고 묻는 것입니다. 예쁜 여자가 지천에 깔려 있는 궁전까지 와서도 이런 말도 안 되는 질문을 하니까, 거울도 열을 받아서 "백설공주가 제일 예쁩니다!"라고 했습니다. 설마 백설공주까지 해칠까 하는 생각에 그렇게 대답했습니다. 하지만 이 계모는 결국 그 일로 백설공주를 쫓아내어 버립니다. 이것으로도 성에 차지 않아 사과 할머니로 변장해서 백설공주를 죽이려고까지 했습니다.

보통 예쁜 여자는 무슨 과일을 좋아합니까? 예! 사과죠. 그래서 계모가 사과를 가지고 갑니다. 백설공주는 의심 없이 그 사과를 먹었습니다. 먹자마자 독이 퍼져 쓰러지고 말았습니다. 그런데 백설공주가 쓰러지자 이웃나라 왕자가 나타나서 뽀뽀를 하는 것이었습니다. 뽀뽀를 하니까 거짓말같이 백설공주가 일어났습니다.

백설공주는 생전 처음 뽀뽀를 받아 보았습니다. 그것도 멋진 왕자에게 말입니다. **그런데 그녀는 뽀뽀 받는 것이 너무 좋고 황홀해서 아예 독이든 사과를 박스째 사 가지고 먹기 시작합니다.** 그래서 그 사과를 먹고 쓰러지고, 쓰러지면 왕자가 달려와서 뽀뽀를 해 줍니다. 그리고 일어납니다. 그런데 백설공주는 이것이 좋아서 계속해서 다시 독사과를 먹고 쓰러졌다가 뽀뽀 받고 일어나고, 사과 먹고 쓰려졌다가 뽀뽀 받고 일어나고……. 할머니가 될 때까지 이 짓만 했답니다.

이 백설공주는 무엇을 누리지 못하고 있는 것입니까? 공주는 빨리 왕자랑 결혼해서 한 나라를 다스리고, 좋은 드레스도 입고, 파티도 참석하고, 왕비로서 누려야 될 것을 누려야 합니다. 빨리 사과 먹는 것을 그만두고 공주로서 행복하게 살아야 합니다. 이것이 정상입니다. 그런데 공주는 독사과를 먹는 시간만큼 이것을 누리지 못하는 것입니다.

성도는 죄의식으로 인해 회개를 하지 못하면 그만큼 시간을 손해봅니다. 이것은 엄청난 영적 손해입니다. 그래서 우린 죄와 싸워서 할 수만 있으면 죄를 덜 짓는 삶을 살아야 합니다. 왜냐하면 그만큼 주님의 사역을 감당할 수 있고, 그만큼 성화되는 일에 박차를 가할 수 있으니까 말입니다.

주님과 교제의 삶

기독교에서의 죄는 '하나님과의 관계'에서만 살펴볼 수 있습니다. 세상에서 말하는 '죄'와 기독교에서 말하는 '죄'는 그 구성하는 요소와 방향과 기준이 완전히 다릅니다. **세상나라에서 말하는 죄가 사람들과의 관계에서만 성립된다면, 하나님나라에서의 죄는 모든 것이 다 하나님과 관계되어 있습니다.**

살인하는 것이 죄입니까? 예! 일반적으로는 죄입니다. 하지만 성경은 하나님께서 "살인하라!"라고 하셨다면 살인하지 않는 것이 죄라고 말합니다. 사무엘상 15장을 보면, 사울에게 아말렉 사람을 죽이되 사람들과 짐승들 모두를 죽이라고 하였습니다. 그러나 사울은 그렇게 하지 않았습니다. 이처럼 살인하지 않은 것이 사울의 '죄'인 것입니다. 그는 모든 포로를 다 죽여야 했고, 어린 젖먹이도, 임산부도, 노약자도 다 죽여야 했습니다. 인도적인 차원에서는 도무지 말이 안 되는 일입니다. 하지만 사울은 이 명령을 거역한 불순종이라는 죄 때문에 왕의 자리에서 물러나야만 했습니다.

그렇다면 거짓말은 어떻습니까? 죄입니까? 이것 또한 일반적으로는 죄입니다. 하지만 거짓말을 하는 것이 하나님의 뜻이라면 거짓말을 하지 않는 것이 죄가 됩니다. 여호수아 2장에 보면, 라합이라는 기생은 여리고성을 탐지하러 온 정탐꾼을 보지 못했다고 여리고 군사들에게 거짓말을 하였습니다. 그 거짓말 때문에 기생 라합은 구원을 받았습니다.

그래서 **성도는 죄에 대한 부분을 주님과의 관계로 보아야 합니다. 그렇지 않고 도덕적이고 윤리적인 문제로 보면 많은 오해가 생길 수밖에 없습니다.**

그러니, 죄라는 것은 하나님의 명령에 대한 순종과 불순종의 차원에서 정의를 내려야만 됩니다. 죄는 하나님 말씀에 대한 '불순종'입니다. 그렇기에 **'죄'라는 단어를 아예 '불순종'이라는 말로 대체해서 생각하는 것이 훨씬 더 선명하게 이해됩니다.**

그래서 하나님나라 사람으로서 죄를 이기고 죄의식에 빠지지 않는 길은 죄와 반대되는 개념인 주님과 더 가까이 교제하는 것밖에 없습니다. 그래서 죄를 짓지 않는'덜 짓는다'는 표현이 더 정확하겠지만 지름길은 그분과 함께 하는 것입니다. 죄의 반대는 하나님 그분 자체이니까요.

우리 속에 있는 죄라는 어둠이 없어지고 빛 된 삶을 살기 위해서는 그분의 빛을 받는 것이 중요합니다. 그래서 우린 주님과 함께함으로 늘 그분의 것을 먼저 받아야만 합니다. 이것은 말씀과 성령의 충만을 받는 것입니다.

우리가 그에게서 듣고 너희에게 전하는 소식은 이것이니 곧 하나님은 빛이시라 그에게는 어둠이 조금도 없으시다는 것이니라 만일 우리가 하나님과 사귐이 있다 하고 어둠에 행하면 거짓말을 하고 진리를 행하지 아니함이거니와요일1:5~6

어린아이들이 있는 집에는 방 천정에 야광스티커를 붙여 놓은 것을 자주 볼 수 있습니다. 저희 집에도 별 모양의 스티커가 많이 붙여져 있었습니다. 그 당시 4살짜리 아들이랑 같이 잘 때에, 자주 불을 끄고 별 놀이를 했습니다. 불을 끄고 같이 누워서 야광스티커의 별을 보면 얼마나 밝고 예쁜지 모릅니다. 그래서 아들이랑, '저 별은 나의 별, 이 별은 너의 별……'이라는 노래를 부르면서 할아버지부터 동생 이름까지, 모든 집안 식구들의 이름을 부르면서 놀았습니다.

그런데 어떻습니까? 그 야광스티커가 계속 빛이 납니까? 아니죠. 몇 분 있으며 희미해져 버립니다. 그럼 아들 녀석이 또 불을 켭니다. 그렇게 한 후 얼마 있다가 불을 다시 끕니다. 그럼 또 야광스티커에서 빛이 납니다. 또 그 별들의 이름을 붙이면서 별 놀이를 시작합니다. 조금 시간이 지나면 야광스티커의 불이 다시 희미해졌고, 아들은 또 불을 켭니다. 이것을 한 서너 번은 해야 잠에 들곤 했습니다.

혹, 우리를 두고 세상의 빛이라고 하니까 우리 자신이 정말 빛을 낼 수 있는 존재라고 생각하시면 안 됩니다. 우리가 내는 그 빛은 형광등이 아니라 야광스티커인 줄 알아야 합니다. 우리는 빛을 내는 발광체가 아닙니다. 우린 그 빛을 머금고 있는 야광스티커입니다. 빛은 주님입니다. 우린 그저 야광스티커일 뿐입니다.

그래서 성도로서 빛 된 삶을 살고, 죄를 짓지 않고 순종하기 위해서는 항상 빛이신 주님과 함께 있어야 합니다. 사귐이 있어야 우린 그 빛을 머금을 수 있습니다. 주님과 함께 있으면 어두운 죄악을 밝게 비출 수 있는 사람이 됩니다. 그러나 주님과의 교제가 끊어지는 순간, 우린 빛을 잃고 죄 가운데 빠지고 맙니다.

골리앗을 한방에 날림으로써 잘나가던 다윗은 모든 전쟁마다 승승장구했습니다. 그럼에도 원수 같은 사울을 하나님의 기름부음 받은 자라 여겨 자기 손으로 죽이지 않은 대단한 믿음의 소유자였습니다. 하지만, 하나님의 빛이 희미해지니까 한순간에 간음자, 살인자로 변합니다. 다윗은 빛이 아니라 빛 되신 주님께서 함께해야 빛나는 야광스티커였습니다. 베드로도 예수님의 수제자로서 귀신을 쫓는 등 엄청난 역사를 이루었지만, 그도 은혜의 빛을 못 받게 되니까 그만 작은 여자 아이 앞에서 주님을 저주한 자가 되었습니다. 베드로도 야광스티커였습니다. 사실 믿음의 영웅이라고 여기는 성경의 모든 인물은 아무리 위대한 일을 하였더라도 야광스티커일 뿐입니다. 그들이 잘 한 것은 빛되신 주님과 함께 늘 교제했다는 사실입니다.

우리는 세상에 빛을 발해야 합니다. 그럼 어떻게 해야 합니까? 빛을 먼저 먹어야죠. 빛을 계속 먹어야죠. 말씀으로, 기도로, 찬양으로 빛을 흡수해야죠. 그렇게 되면 우린 죄를 이기고 죄의식에서 자유하게 됩니다.

주일이면 주님의 은혜의 빛을 받고, 그 은혜로 세상을 6일 동안 막 비추다가 토요일쯤 되어 희미해지면, 또 주일에 은혜를 받아 6일 동안 주님의 빛을 비추는 빛의 자녀가 되는 겁니다.

주님과 교제하면 그분의 그 빛이 나의 빛이 되어서 어둠의 죄가 그냥 없어집니다. 빛이 오면 어둠은 자연스럽게 사라지는 법이니까요. 어두움을 없앨 수 있는 유일한 방법은 내 속에 빛 되신 주님과 교제하는 것입니다. 나도 그 빛을 머금은 야광스티커가 되어서 내 안과 밖을 비추는 사역을 감당하게 됩니다. 이것은 한 번에 되는 것이 아니라, 평생 지속적으로 주님과의 교제를 통해 이루어지는 성도의 삶입니다.

Chapter 6

미션 파서블

미션 임파서블

율법의 기능

지키기 불가능한 율법(산상설교)

성령 안에서 자유하라(율법을 지키는 '방법')

'형제 사랑'으로 자유하라(율법을 지키는 '기준')

중립적인 구전율법

구전율법을 지키는 방법_'형제 사랑'

한국율법(나라, 교파, 개교회의 전통)

미션 파서블

주일 성수('날'에 관한 한국율법)

예배 양식(교회생활에 관한 한국율법)

더 높은 차원의 하나님사랑 이웃사랑_술과 담배, 바울처럼 하라

이상하게도 세상은 언제부터인가 더 이상 교회에 다니는 사람들을 보면서 '사랑'과 '희생'을 생각하지 않게 되었습니다. 더 이상 예수님의 '십자가'와 '부활'을 생각하지 않습니다. 그렇다면, 세상은 교회를 어떻게 생각하고 있을까요? '일요일에 일 안 하는 사람!', '술과 담배 안 하는 사람!', '앞뒤가 꽉 막힌 고집불통인 사람!', 이런 정도로 생각합니다. 생명을 구원하는 살아있는 복음을 가진 기독교가 언제부터인가 세상으로부터 이런 수준 낮은 싸구려 종교로 여겨지게 되었습니다.

그러나 우리 한국교회는 이런 세상의 평가를 스스로를 살펴보는 기회로 삼아야 합니다. 사실 한국교회는 술이나 담배만의 문제뿐만 아니라 주일 성수나 예배 형식처럼, 여러 부분에서 율법의 참된 정신은 잃어버린 채 전통에만 매여 있는 모습을 많이 보여주고 있습니다. 그래서 기독교의 본질보다는 율법의 껍데기를 사수하는 데 온 정신을 쏟고 있는 상황에 처해 있다고 볼 수 있습니다.

이런 혼란 속에서 **교회는 구전율법을 목숨처럼 지키려는 율법주의자와 모든 율법을 무시하여 방종으로 치닫는 율법경시론자, 이 두 부류로 나뉘어 있는 모습입니다.**

사실 바울이 세웠던 초대교회들에서도 이런 모습을 쉽게 찾아볼 수 있습니다. 바울이 세웠던 교회는 이방인과 유대인들이 섞여서 신앙생활 하는 경우가 많았습니다. 이방인은 구원받기 전에 비교적 자유로운 생활을 하였습니다. 그러나 유대인들은 그렇지 않았습니다. 유대인들은 모세율법뿐만 아니라 셀 수도 없을 정도의 '미슈나Mishnah'라는 장로들의 유전까지 지키며 살았습니다. 그들에게 이것은 삶의 일부분이었고 습관이었습니다. 이런 상황에서 그리스도인이 된 유대인과 이방인은 서로를 이해할 수가 없었습니다. 이방인 그리스도인들은 유대인 그리스도인들을 여전히 율법에 매여 산다고 비판만 했고, 반대로 유대인 성도들은 그런 이방인들을 향해 방종을 일삼아 경건의 모양까지 버린 자들이라고 정죄하였습니다.

그런데 이런 양극단의 모습이 지금 한국교회의 교단, 노회, 개교회 속에서 동일하게 일어나고 있습니다. 이러한 현실에서 율법의 완성이신 예수님께서는 율법에 대해 어떻게 말씀하고 있으며, 성도로서 우리는 어떻게 그 율법을 해석하고 지키며 또한 자유해야 하는지를 알아야 합니다.

미션 임파서블

율법의 기능

율법은 마치 X-ray와 같습니다. 어떤 사람이 다리를 다쳐서 병원에 갔습니다. X-ray를 찍어 보니, 다리 한쪽 뼈가 부러져 있었습니다. 이것이 바로 율법의 역할입니다. **자신이 지금 어떤 상태인지, 얼마나 치명적인 병에 걸려 있는지 깨닫게 하는 것이 율법의 역할입니다.**

그런데 생각해 보세요. 어떤 사람이 다리가 부러져서 X-ray를 찍었습니다. 그래서 자신의 뼈가 부러진 것을 알았습니다. 그런데 그 X-ray로 병을 고치겠다고 한 번 더 찍으면 뼈에서 진액이 나오고, 또 한 번 더 찍으면 그 뼈가 바르게 딱 붙어버립니까? 아닙니다. X-ray의 역할은 치료하는 것이 아니라 진단하는 것입니다. 100번 촬영을 하여도 뼈는 붙지 않습니다. 그런데 사람들은 이 X-ray와 같은 율법으로 뼈를 붙게 하려고 합니다. 율법을 지킴으로써 자신이 스스로 의롭게 되려고 애를 쓰는 것입니다.

그러므로 율법의 행위로 그의 앞에 의롭다 하심을 얻을 육체가 없나니 율법으로는 죄를 깨달음이니라롬3:20

성경은 율법을 지킴으로 의롭게 될 가능성은 제로라고 말씀하고 있습니다. 율법은 죄를 깨닫게 하는 역할이 전부입니다. 그 이상 그 이하도 아닙니다. 그러나 율법이 있기에 자신이 얼마나 심각한 상태인지 진단할 수 있습니다. **율법은 눈금이고 기준이어서 우리가 의롭게 되는데 얼마나 수준 미달인지를 깨닫게 합니다. 이것이 율법의 역할입니다.**

이런 관점에서 "이같이 율법이 우리를 그리스도께로 인도하는 초등교사가 되어 우리로 하여금 믿음으로 말미암아 의롭다 함을 얻게 하려 함이라"갈3:24라고 말씀하는 것입니다. 율법은 자신의 현주소를 깨닫게 하고 그리스도만이 유일한 해답이라고 알게 해주는 초등교사의 역할만 합니다.

지키기 불가능한 율법산상설교

내가 너희에게 이르노니 너희 의가 서기관과 바리새인보다 더 낫지 못하면 결코 천국에 들어가지 못하리라마5:20

예수님께서 성도들에게 원하시는 수준은 서기관들과 바리새인들이 율법을 철저하게 지켰던 자세보다 훨씬 더 높음을 알 수 있습니다. 그 수준이 어느 정도인지, 어떤 식으로 지켜야만 되는지는 이 본문 이후부터 시작되는 21절부터 48절까지 나오게 됩니다.

예수님께서는 제자들에게 서기관과 바리새인보다 '더 나은 의'가 어떤 것인지 여섯 가지의 내용을 대조하면서 말씀합니다. 이런 식입니다. 바리새인은 살인하지 말라고 말하는데, 예수님께서는 미워하는 마음만 있어도 살인이라고 하십니다. 바리새인은 간음하지 말라고 하는데, 예수님께서는 음욕만 품어도 간음이라고 하십니다. 바리새인은 이웃을 사랑하라고 가르치지만, 예수님께서는 원수까지 사랑하라고 이르십니다.

예수님의 이런 대조적 가르침은 서기관과 바리새인의 율법의 기준과 하나님나라에서의 율법의 기준 사이에 상당한 차이가 있음을 보여 줍니다. **예수님께서는 살인, 간음, 이혼, 맹세, 보복, 사랑에 대한 부분에 있어서 외적 현상보다는 그 현상을 일으키는 내적인 동기와 영적인 원인이 문제이기에 그것을 해결해야만 율법을 지킬 수 있다고 말씀하십니다.**

그런데 유대인들이 바리새인이 가르치는 이런 율법도 겨우 지켜나가고 있는 상황에서 예수님의 더 높은 율법의 기준을 듣는 순간 어떤 현상이 일어났겠습니까? 행동이 아니라 마음조차도 용납하지 않겠다는 예수님의 새로운 율법에 모두가 질려버립니다.

그래서 지키려고 애쓰는 그들에게 예수님께서는 마치 이러시는 것 같습니다. "너희들이 율법을 지킬 수 있다고? 좋아! 그럼 이것은 어때? 이것까지도 지킬 수 있을까? 이 정도는 못 지키겠지? 그냥 빨리 포기해라! 난 못한다고 빨리 말해라!"

그러면서 다음과 같은 결론적인 말씀을 하십니다.

그러므로 하늘에 계신 너희 아버지의 온전하심과 같이 너희도 온
전하라마5:48

왕이신 예수님께서는 이 말씀으로 자기 백성에게 원하는 수준을 한
마디로 정의하십니다. **이 수준은 바로 '하나님과 같이 되라는 것'입니
다.** 그래서 예수님의 새 율법을 대하는 모두는 과연 이것이 사람으로
서 실천 가능한 명령인가에 대해서 의심할 수밖에 없었습니다. 그렇다
면 어떤 결론이 나옵니까?

**"율법을 지킨다는 것은 미션 임파서블이구나! 인간으로서는 절대
불가능한 것이구나! 그러니까 오직 예수님만이 할 수 있다는 것이구
나!"**

이것이 결론입니다. 이런 실현 불가능한 율법을 지키려고 하면 할
수록 나 자신이 자유롭지 못하고, 오히려 더 좌절감과 죄책감에 눌린
삶을 살게 됩니다.

성령 안에서 자유하라

성도로서 지키는 법과 불신자들이 지키는 법의 차이는 무엇입니까? 지켜야 할 내용은 비슷하게 보여도 어디에 속하여 지키는지가 다릅니다.

그러므로 이제 그리스도 예수 안에 있는 자에게는 결코 정죄함이 없나니 이는 그리스도 예수 안에 있는 생명의 성령의 법이 죄와 사망의 법에서 너를 해방하였음이라롬8:1~2

성도는 죄와 사망의 법의 차원에서 생명의 성령의 법의 차원으로 바뀐 곳에서 법을 지키게 됩니다. 이것은 마치 집 밖에 있었는데, 집 안으로 들어왔다는 것과 같습니다.

아이들은 집 밖에서도 공부해야 하고, 어른들에게 인사도 잘해야 되고, 친구끼리 싸우지 않는 생활을 해야 합니다. 즉 도덕법을 지켜야 합니다. 그럼, 집에서는 어떻게 해야 합니까? 예! 똑같이 공부해야 하고, 부모님께 인사해야 하고, 동생이랑 싸우지 말아야 합니다. 똑같이 법을 지켜야 합니다.

그렇다면 집 안과 집 밖의 공통점은 무엇입니까? 도덕법을 지켜야만 하는 것뿐 아니라 잘못하면 지적받고 벌까지 받는다는 것입니다. 반면에 차이점은 무엇입니까? 그것은 집 밖에서 잘못하면 용서받지 못한다는 것입니다. 적이 되는 것이죠. 죄인이 되는 것입니다. 그러나 집 안에서는 잘못해도 용서받습니다. 왜냐하면 내 행동과는 상관없이 무조건 부모님은 내 편이기 때문입니다. 그래서 무조건 자녀는 부모에게 근본적으로 의인입니다.

자녀는 집안에서 아무리 잘못해도 뻔뻔스럽게 밥 달라고 하고, 용돈 달라고 하고, 옷 사달라고 하면서 큰 소리를 칠 수 있습니다. 정죄의 법이 없는 곳이기 때문입니다. 이곳이 바로 생명의 성령의 법이 적용되는 곳입니다. 하지만 집 밖에서는 잘못하면 아무런 요구도 할 수 없습니다. 그냥 죽을 죄인이 되는 것입니다. 이것이 생명의 성령의 법과 죄와 사망의 법의 차이입니다.

생명의 성령의 법 안에서 살고 있는 우리는 잘못을 해도 하나님 앞에서 늘 용서받는 자로 삽니다. 하지만 이런 성도에게 성령님께서 어떻게 하시겠다는 것입니까? **잘못해도 늘 용서가 되지만, 성령님께서 내 속에 오셔서 아예 잘못할 마음조차도 없애 주시겠다는 것입니다. 자발적으로 도덕법을 지키고자 하는 마음을 주시겠다는 의미입니다.** 마치 부모님의 은혜와 사랑에 감사해서 부모님이 싫어하는 것을 안 하고 싶은 것입니다. 순종하고 싶은 마음이 자연스럽게 생겨나게 됩니다. 이것이 성령님을 따르는 성도의 모습입니다.

율법이 육신으로 말미암아 연약하여 할 수 없는 그것을 하나님은 하시나니 곧 죄로 말미암아 자기 아들을 죄 있는 육신의 모양으로 보내어 육신에 죄를 정하사 육신을 따르지 않고 그 영을 따라 행하는 우리에게 율법의 요구가 이루어지게 하려 하심이니라롬 8:3~4

지금은 예수 그리스도를 통해서 모든 율법이 마침이 되었습니다. 아무리 율법을 어겨도 예수 그리스도의 십자가의 희생으로 말미암아 성도들은 멸망에 이르지도, 사탄의 자녀로 되돌아가지도 않습니다. 이제는 성령님께서 우리의 심령 속에 함께 계시기에 그 법에서 자유하여 모든 것을 할 수 있습니다. 뿐만 아니라, 성령님의 인도하심으로 충만하면 아예 죄를 짓고자 하는 마음까지도 없어집니다. 전에는 억지로 그것을 하려고 몸부림쳤다면, 이제는 성령님의 감동과 은혜로 하고자 하는 마음을 주셔서 가능하게 됩니다.

전에는 불가능한 옛언약의 율법이 이제는 성령님을 따르는 삶으로 인해 가능한 새언약의 율법이 된 것입니다. 이것이 새언약을 지키는 우리의 모습이며, 성령님 안에서 율법에 대해 자유함을 맛보는 그리스도인의 삶입니다.

'형제 사랑'으로 자유하라

_율법을 지키는 '기준'

중립적인 구전율법

앞서 언급했던 바, 유대인들의 구전율법은 '미슈나Mishnah'라고 불립니다. 미슈나는 구전으로만 전해져 내려오던 방대한 규모의 율법들을 집대성하여 편찬한 것입니다. 이것은 기원전 200년쯤에 유다 대표인 예후다 하나시Yehudah Hanassi, AD 200년경에 의해서 기록되었습니다. 미슈나는 6부 63편 517장으로 짜여 있고, 그 6부의 큰 틀은 씨앗, 절기, 여자, 상해, 성물, 정결에 대한 내용으로 구성되어 있습니다. **예수님 시대에 이 미슈나는 바리새인들과 서기관들이 지키고자 했던 장로들의 전통이라 불리는 구전율법이었습니다.**

그렇다면 이런 구전율법을 성경은 어떤 관점으로 보고 있습니까?

"이에 바리새인들과 서기관들이 예수께 묻되 어찌하여 당신의 제자들은 장로들의 전통을 준행하지 아니하고 부정한 손으로 떡을 먹나이까 이르시되 이사야가 너희 외식하는 자에 대하여 잘 예언하였도다 기록하였으되 이 백성이 입술로는 나를 공경하되 마음은 내게서 멀도다 사람의 계명으로 교훈을 삼아 가르치니 나를

헛되이 경배하는도다 하였느니라 너희가 하나님의 계명은 버리고 사람의 전통을 지키느니라"막7:5~8

위의 답변에서 예수께서는 먼저 '장로들의 전통' 또는 '사람의 전통'으로 규정된 구전율법과 '하나님의 계명' 또는 '하나님의 말씀'으로 규정된 성문율법을 명확히 구별하신다. 그리고 구전율법이 성문율법을 거스르게 하는 대립적 위치에 있음을 지적하신다. 아마도 1세기 당시 바리새인들은 구전율법을 성문율법과 동등한 지위에 올려놓은 것으로 보인다. 따라서 그들은 사람들에게 구전율법을 지키도록 짐을 지웠고마23:2~4, 그 결과 사람들의 관심을 하나님의 계명인 성문율법 자체보다는 사람들의 전통인 구전율법에 집중하도록 하였다. 이에 반해 예수께서는 그 구전율법의 폐해를 지적하시고, 제자는 구전율법에서 전적으로 자유로워져야 한다고 가르치셨다마11:28~30; 23:2~4.

- 양용의의 『하나님 나라 어떻게 이해할 것인가』 중에서

위의 글과 같이, 예수님께서는 바리새인들이 구전율법과 성문율법모세오경에 동일한 권위를 부여하여 지키도록 강요하는 것을 부정적으로 보고 계십니다. 구전으로 내려오는 율법이 오히려 하나님의 말씀을 지키는 것을 방해한다고 지적하십니다.

그렇다면 이 구전율법이 필요 없다는 말입니까? 아닙니다. 성경에서는 긍정적인 부분도 말하고 있습니다.

너희가 모든 일에 나를 기억하고 또 내가 너희에게 전하여 준 대로 그 전통을 너희가 지키므로 너희를 칭찬하노라고전11:2

그러므로 형제들아 굳건하게 서서 말로나 우리의 편지로 가르침을 받은 전통을 지키라살후2:15

구전율법을 잘 지키는 초대교회 성도들을 향해 바울은 칭찬합니다. 예수님께서도 이스라엘 땅에서 특별한 상황을 제외하고는 그들의 구전율법에 따라 생활하며 지내셨습니다. 공생애 사역 중에도 장로들의 전통을 폐지하러 늘 다니지는 않으셨습니다.

이 두 부분을 보면서 우리가 알 수 있는 것은, 이런 장로들의 구전율법을 성경에서는 긍정적으로 바라보기도 하고 부정적으로 바라보기도 한다는 것입니다. 그렇게 본다면 구전율법은 중립적인 것입니다. 시대와 문화에 따라 그것이 하나님을 더 잘 섬기게 하는 역할을 할 수도 있고, 오히려 불필요하거나 하나님의 계명의 핵심으로부터 멀어지게 할 수도 있습니다. 그래서 **구전율법은 사람의 계명 그 이상도 그 이하도 아닙니다. 상황에 따라서 맞는 말도 되고 틀린 말도 된다는 것입니다.**

우리 한국교회도 성경에는 없지만 나름대로 하나님을 더 잘 섬기려고 각 교파에서 정한 규정과 법, 각 교회 안에서 전해 내려온 법, 그리고 각 개인의 경험과 생각으로 만들어진 법들이 있습니다. 이런 한국교회의 전통율법들이 성도들의 신앙을 성숙시키는 데 많은 기여를 한 것은 사실입니다. 하지만 한편으로는 율법의 항목에만 매인 율법주의자가 되어 본질을 잃어버린 채 종교생활에만 몰두하게 합니다.

그렇다면 율법을 지킴에 있어서 그것이 원하는 본 의도가 무엇인지를 안다면, **우리는 더 힘써 지킬 수 있습니다. 뿐만 아니라, 전통에 매인 율법에 대해서는 과감하게 자유할 수 있습니다.**

'안식일을 거룩하게 지키라'는 율법을 생각해 봅시다. 유대 사회에는 안식일에 무엇은 하고 무엇은 하지 말라는 구전율법이 아주 많이 있습니다. 심지어 2000년이 지난 지금도 유대인들에게는 안식일에 대한 구전율법이 지켜 내려오고 있습니다. 그뿐만 아니라, 현시대에 맞게 새롭게 각색하여서 만들어 지키고 있는 경우도 많습니다.

예를 들면, 그들은 안식일에 온수를 만드는 것도 일로 취급하여 겨울에도 찬물로 씻습니다. 또 이날에는 엘리베이터 버튼을 누르는 것조차도 일로 보기에 고층 아파트에 사는 사람은 걸어서 계단을 오르내리든지, 아니면 엘리베이터를 자동으로 매 층마다 서도록 작동해 놓고 있습니다. 또한 안식일에는 2000걸음880m 정도 이하로 걸어야 합니다. 그래서 2000걸음에서 한 발짝이라도 더 걸으면 그때부터 죄가 됩니다. 입으로 부는 휘파람은 가능하지만 악기를 사용해서 불면 안식일을 범하는 것이 됩니다.

이렇게 안식일에 대한 세부적인 법들을 지켜 나가는데, 문제는 그 계명을 지키는 데 있어서 정작 하나님의 마음을 모르고 있다는 것입니다. 예수님께서는 "이르시되 이사야가 너희 외식하는 자에 대하여 잘 예언하였도다 기록하였으되 이 백성이 입술로는 나를 공경하되 마음은 내게서 멀도다"막7:6라고 말씀하십니다. 예수님께서는 바리새인들이 율법을 습관적으로는 잘 지키지만 정작 그 율법에 대한 이유와 동기, 목적에 대해서는 전혀 관심이 없는 모습을 보면서 도리어 율법을 지키는 것으로 인해서 자신의 의를 드러내려는 위선적인 모습이라고 질책하십니다.

이런 율법주의자들은 자신들이 만든 구전율법을 가지고 하는 일이 무엇입니까? 율법을 지키지 못한 자들에게 "넌 이 율법을 어겼고, 넌 저 율법을 어겼으니까, 넌 죄인이야!", 이런 식으로 죄를 지적하는 것입니다. 안식일만 되면, 서슬 퍼런 눈을 크게 뜨고서 시장이나 길거리를 돌아다니는 것입니다. "어! 너 땀을 뻘뻘 흘리면서 가는데 혹 2000보 이상 걸었어? 몇 보 걸었어? 넌 오늘 죄 지은 거야!" 이러면서 돌아다닙니다. "넌 이것 했으니 죄인이고, 난 이것 안 했으니 의인이야!" 이런 식의 행위로 인한 율법으로 자신의 의를 자랑하고 다니는 것입니다. 이 율법주의자들은 율법으로 하나님을 공경하고 형제를 사랑하는 것이 아니라, 이것을 자신을 자랑하고 상대방을 정죄하는 데 사용합니다.

구전율법을 지키는 방법_'형제 사랑'

수천 년을 흘러오면서 만들어졌던 구전율법은 하나님을 어떻게 섬기고 사랑할 것인가에 대한 근본적인 질문에서부터 시작되었습니다. **이 질문은 계명을 지켜야 할 내 형제의 형편과 상황을 충분히 고려하**

여 만들어졌습니다. 힘든 전통들이지만 내 형제를 사랑하기 때문에 함께 지키고자 하는 마음에서 시작되었습니다.

형제들아 너희가 자유를 위하여 부르심을 입었으나 그러나 그 자유로 육체의 기회를 삼지 말고 오직 사랑으로 서로 종 노릇 하라 **온 율법은 네 이웃 사랑하기를 네 자신 같이 하라 하신 한 말씀에서 이루어졌나니**갈5:13~14

성경은 "온 율법은 네 이웃 사랑하기를 네 자신 같이 하라 하신 한 말씀에서 이루어졌나니"라고 선언합니다. **율법을 지킴에 있어서 반드시 이웃을 사랑하는 '형제 사랑'이라는 부분이 들어가야 한다는 것입니다. 구전율법은 '형제 사랑'이라는 동기로 만들어졌기 때문에 율법을 지킴에 있어서 그것을 늘 확인하며 생각해야 합니다.**
하나님나라 사람들은 하나님의 통치를 받으면서 항상 어떻게 하면 나와 함께하는 형제들과 더불어 주님의 다스림을 받고, 또 주님을 더 잘 섬길 수 있는가를 고민해야 합니다. 그래서 만들어진 것이 구전율법입니다.
한 주인을 섬기는 하나님나라 공동체가 어떻게 율법을 지키며 살아가는지를 묘사한 부분이 있습니다. 하나님의 법을 지키는 자들의 공동체가 어떠한 것인지 성경 곳곳에 그림을 그리듯 나와 있습니다.

그 때에 이리가 어린 양과 함께 살며 표범이 어린 염소와 함께 누

우며 송아지와 어린 사자와 살진 짐승이 함께 있어 어린 아이에게
끌리며 암소와 곰이 함께 먹으며 그것들의 새끼가 함께 엎드리며
사자가 소처럼 풀을 먹을 것이며 젖 먹는 아이가 독사의 구멍에서
장난하며 젖 뗀 어린 아이가 독사의 굴에 손을 넣을 것이라 내 거
룩한 산 모든 곳에서 해 됨도 없고 상함도 없을 것이니 이는 물이
바다를 덮음 같이 여호와를 아는 지식이 세상에 충만할 것임이니
라 사11:6~9

하나님께서 주인이 되시고, 종들인 우리가 주인의 말을 잘 듣고 지
켜나가면, 위의 말씀과 같은 일들이 일어난다고 하십니다. 이리가 어
린양과 뒹굴고, 표범이 어린 염소와 잠을 자는 것입니다. 염소가 표범
얼굴에 다리를 턱하니 걸친 채 잡니다. 독사 굴에 아이가 손을 넣어 휘
저어도 독사가 물지 않습니다.

그런데 9절에 보면, 이런 놀라운 일이 진행되는 곳을 "내 거룩한 산
모든 곳"이라고 표현합니다. 거룩한 산사27:13; 56:7은 성전을 말합니다.
지금의 교회입니다.

이렇게 교회라고 생각하면, 이리나 어린양, 사자, 표범, 염소, 송아
지, 독사, 젖 뗀 아이는 자연스럽게 해석됩니다. 우리에게 있는 모든 죄
성과 다양한 기질을 말합니다. 이리는 약삭빠릅니다. 어린양은 멍청하
고 이기적인 동물이며, 표범과 사자는 늘 공격적입니다. 독사는 독기
가 가득 찬 동물이고, 젖 뗀 아이는 늘 뒤치다꺼리가 필요한 자입니다.
영락없이 성도들의 다양한 모습입니다.

이런 다양한 모습과 기질을 가진 여러 성도들이 '함께' 하나님을 더 잘 섬기기 위해 구체적인 율법을 만들어 나갑니다. 그리고 그 율법은 '형제 사랑'이라는 동기 안에서 하나씩 만들어집니다. 이것이 '하나님 나라의 구전율법'입니다. 하나님나라 사람들에게 있어 구전율법은 상대방을 지적하고 비난하거나 자신의 잘남을 자랑하고 뽐내기 위해 만들어진 것이 아닙니다. 그런 까닭에 예수님께서는 이웃 사랑이라는 동기와 원리로 율법을 지키지 않는 바리새인들과 서기관들을 향해 회칠한 무덤이라고 소리치셨고, 독사의 자식이라고 책망하셨습니다.

율법은 하나님을 섬기되 형제를 사랑하는 마음으로 지켜야 합니다. 그 예를 한 번 더 말해 보겠습니다.

아들이 4살, 딸이 2살 때입니다.

어느 날 제가 아들에게 장난감 피아노를 사 주었습니다. 비록 장난감 피아노지만 거의 진짜 피아노처럼 크고, 소리도 잘 나왔습니다. 아들이 그 피아노를 치면서 찬송가 151장을 부르는 것입니다. "십자가 십자가 내가 처음 볼 때에 나의 맘에 큰 고통 사라져~" 하면서 부르는데, 부모 눈에는 발음도 서툰 아이가 찬양을 부르니 참 기특해 보였습니다.

그러던 어느 날, 피아노가 있는 방에 들어가자 아들 녀석이 순간 아빠가 들어왔다는 것을 알아채고는 코에 힘을 주고 머리를 더 크게 흔들면서 목이 터져라 찬양을 부르는 것입니다. 한마디로 자기가 피아노 치는 것을 봐달라는 것입니다. 아빠가 좋아한다는 것도 알고 있는 눈치였습니다.

그런데 마침 이제 막 걸음마를 시작한 2살 된 딸이 오는 것입니다. 오빠가 치니까 자기도 한번 만져 보려고 옆에서 아장거리며 피아노 가까이로 왔습니다. 그러고는 피아노 건반을 치는 것입니다. 두 아이가 함께 피아노를 치면서 찬양을 부르는 그 이상한 듀엣 앙상블을 보면서 온몸에 전율이 흐르는데, 그 기분이란 정말 묘하면서도 좋았습니다.

그렇게 한참 감상을 하고 있는 중인데, 갑자기 아들 녀석이 자기만 치겠다고 발로 동생의 옆구리를 사정없이 차는 것입니다. 그 발길에 동생은 나가떨어져 웁니다. 그러든지 말든지 이 아들 녀석은 또 아빠를 의식하면서 코에 힘을 주어 "십자가 십자가" 하면서 노래를 부르는 것입니다. 아빠 보라고…….

아빠인 제가 어땠을까요? 여전히 예뻐 보였을까요? 아닙니다. 사실 뒤통수를 한 대 때려주고 싶었습니다. 방금 전에 왔던 그 감동은 어디론가 사라져 버리고 이제는 화가 났습니다. 그때부터 들리는 찬송가는 더 이상 찬송이 아니었습니다.

아빠인 저의 기쁨은 아들과 딸이 함께 사이좋게 피아노를 치면서 부르는 것입니다. 비록 딸아이가 말도 제대로 못한다 하더라도, 그 이상한 듀엣 앙상블이 저에게는 훨씬 더 좋았습니다.

구전율법을 힘써 지킨다고 하면서 형제를 사랑하지 않고 행하는 바리새인과 서기관들의 모습이 하나님 보시기에는 네 살짜리 아들과 같게 여겨졌을 것입니다. 그런 식으로 율법을 지키는 행위를 하나님께서는 하나도 기쁘게 받으시지 않았다는 것입니다. 그래서 형제와 함께 지키는 것이 중요하고, 그렇게 될 수 있도록 돕는 사랑의 동기가 중요한 것이지, 그것을 지켰다 지키지 않았다는 것은 하나님 앞에서는 이차적인 문제일 뿐입니다.

결과적으로 구전율법을 지킴에 있어서 가장 중요한 것은, 그 율법을 바라볼 때에 지금 나에게 '형제 사랑'이라는 동기가 있는지를 확인하는 것입니다. 나는 그것을 형제를 사랑한다는 동기 안에서 지킬 수도 있고, 또 자유할 수도 있습니다.

한국율법 나라, 교파, 개교회의 전통

유대인들이 지켰던 구전율법인 미슈나는 시간이 지나면서 많은 항목이 사라졌습니다. 그런데 유대인들이 지켰던 그 전통이 사라지는 동시에, 또 다른 형태의 전통들이 변천되어 내려왔습니다. 2000년이라는 오랜 시간 동안 기독교가 다른 여러 나라로 전파되면서 그 나라의 문화와 교파와 개교회들의 역사가 서로 합쳐졌고, 그에 따른 또 다른 구전율법들이 새로이 등장하게 된 것입니다. 이러한 구전율법은 한국 교회에서도 심심치 않게 볼 수 있으며, 그 전통이 지금 우리들의 삶에 깊게 뿌리내려져 있음도 볼 수 있습니다.

한국 기독교 전통 안에서 만들어진 구전율법, 즉 '한국율법' 한국의 미

슈나로 볼 수 있음: 필자 용어은 우리 신앙생활에 많은 도움을 주긴 하였지만, 또 다른 한편으로는 기독교의 본질을 퇴색시키는 역할도 하였습니다. 그래서 **한국율법은 유대인의 미슈나처럼 기독교 안에서 긍정도 부정도 아닌 중립적인 성격을 가지고 있습니다.**

이 중립적인 한국율법을 어떻게 대해야 합니까? 그 답은 **한국율법을 지킬 때에 성령의 힘으로, 그리고 '형제 사랑'의 동기를 가지고 스스로 자신을 점검하면서 지켜야 한다는 것입니다.**

그렇다고 해서 형제 사랑을 개인적인 취향으로 결정하는 것이 아니라, 갈라디아서 5장 13~16절 말씀처럼, 성령님의 인도하심으로 해야 합니다. 만약 성령님의 인도하심으로 율법을 지키지 않는다면, 말씀처럼 그것이 육체의 욕심을 이루는 데 사용될 수 있기 때문입니다.

미션 파서블

주일 성수 '날'에 관한 한국율법

'주일 성수' 하면 여러분은 어떤 생각이 듭니까?

제가 자란 교회에서는 학생이 주일날 공부하는 것은 죄였습니다. 학생에게 일은 학업이라고 여겼으니까요. 그래서 만약 월요일에 시험이 있으면, 주일 밤 12시까지는 공부를 하고 있지 않다가 새벽 0시가 되면 그때부터 시험공부를 시작했습니다. 그런데 이상한 것은, 부모님께서는 월요일 새벽이 되기를 기다리면서 공부는 하지 못하게 해도 그 주일날 TV를 보는 것은 이상하게 여기지 않으셨다는 것입니다. 주일에 돈을 쓴다는 것은 생각지도 못했습니다. 그런데 주일날 교회 체육대회를 할 때, 음료수를 대량으로 사는 것은 눈감아 주는 분위기였습니다. 물론 외상으로 가져오기는 했습니다. 이것이 제가 어릴 때부터 습득해 왔던 주일 성수에 대한 앞뒤가 맞지 않는, 조금은 이상한? 한국율법이었습니다.

어떤 사람은 이 날을 저 날보다 낮게 여기고 어떤 사람은 모든 날을 같게 여기나니 각각 자기 마음으로 확정할지니라 날을 중히 여기는 자도 주를 위하여 중히 여기고 먹는 자도 주를 위하여 먹으

니 이는 하나님께 감사함이요 먹지 않는 자도 주를 위하여 먹지 아니하며 하나님께 감사하느니라롬14:5~6

주일을 거룩하게 지킨다는 의미를 두고 로마교회 안에서도 서로 간의 분쟁이 있었습니다. 로마교회에는 구전율법을 지키려고 했던 유대인들과 그 율법이 익숙하지 않아 무시할 수밖에 없었던 이방인들이 함께 있었습니다. 이런 상황에서 바울은 안식일을 거룩하게 지키는 것, 주일을 성수하는 것에 대해 로마서 14장 5절에서 이렇게 말합니다. "어떤 사람은 이 날을 저 날보다 낫게 여기고 어떤 사람은 모든 날을 같게 여기나니 각각 자기 마음으로 확정할지니라" 각각 자기 마음에 확정하라는 것입니다.

이 확정의 근거는 안식일의 의미를 하나님을 섬기는 것에 있어서 각자 '형제 사랑'에 기준하여 성령님께 묻고 확정하는 것에 있습니다. 성수주일을 하기 위해서 '난 이렇게 하겠다! 이것이 형제 사랑에 더 맞다!'라고 여기면 그렇게 결정하는 것입니다.

그래서 '나는 학생으로 내일 시험이 있어도 주일에는 공부를 하지 않겠어!'라고 결정했다면, 그 동기가 무엇인지 먼저 확인해야 합니다. 만약 내가 주일에 공부하지 않고, 오히려 그 시간에 친구들과 함께 교제하거나 힘든 친구들을 돕는 시간으로 가지는 것이 '형제 사랑'이라는 기준에 더 맞다고 여긴다면, 공부하지 않는 것입니다. 또 다르게, '나는 학생이기에 내일 시험이 있으면 예배 후에 도서관에 가서 공부하겠어!'라고 생각한다고 합시다. 그럼 그 동기가 무엇입니까? 지금 시험을 대비해서 공부하는 것이 믿지 않는 부모님과 친구들에게 더 좋은 영향력을 줄 수 있다면, 공부하는 것이 '형제 사랑'의 기준에 더 부합한다고 여기는 것입니다.

'나는 예배 후에 가족끼리 외식하는 것이 가정을 더 화목하게 하는 것이고, 이것이 결국 가족이라는 형제를 사랑하는 것이라 생각해!' 이렇게 확정했다면 된 것입니다. 반대로 '난 주일은 되도록 외식하는 것은 금하고 가족들과 함께 말씀으로 교제하는 시간을 가져야지! 이것이 가족이라는 형제를 사랑하는 것이라고 생각해!', 이렇게 확정했다면 또 된 것입니다.

하나 더 예를 든다면, "우리 교회는 오늘 오전 예배 후에 전교인 체육대회를 합니다! 이것은 교회 공동체인 형제를 사랑하는 좋은 행사입니다.", 이렇게 확정했다면 그렇게 하면 됩니다. 하지만 "우리 교회는 주일에는 어떤 행사도 하지 않습니다. 주일 날 행사를 하는 것은 형제를 사랑하는 데 별 도움이 되지 못합니다.", 그렇게 확정했다면 그것도 맞습니다. 이것이 주일 성수에 대해 율법에 매이지 않고 자유하는 방법입니다. '형제 사랑'이라는 이런 원칙 없이 한국율법을 대한다면, 그것은 잘못된 것입니다.

어떤 사람이 주일날 공부 안 하고, 장사 안 하고, 오락을 하지 않는 것을 두고서 단지 '난 그렇게 배웠어! 그리스도인은 그러면 안 돼!'라고 한다면, 그것은 율법에 매인 율법주의자가 되는 것입니다. 반대로, 어떤 사람이 주일날 공부하고, 장사하고, 오락하면서 '주일은 다른 날과 똑같아, 괜찮아! 그런 것 따지는 사람은 다 율법주의자야!', 이렇게 여긴다면, 그것은 방종일 뿐입니다. 율법경시론자인 것입니다.

예배 양식 교회생활에 관한 한국율법

2000년의 기독교 역사만큼 우리가 드리는 예배는 시대와 문화에 따라 많은 변화가 있었습니다. 그래서 예배에 필요한 여러 양식은 그 자체에 목적이 있는 것이 아니라, 예배를 잘 드리기 위한 수단일 뿐입니다. 따라서 수단으로써의 역할을 제대로 못한다면, 그 예배 양식은 무의미한 것이 되고, 형식에 불과한 것이 됩니다.

우리에게는 먼저 초대교회에서 시작하여 지금까지 변천해 온 예배의 흐름을 이해하면서 예수님의 부활과 승천 이후에 생겨난 초기 기독교 예배의 핵심을 찾는 것이 중요합니다.

초기 기독교 예배 양식에는 말씀과 성례라는 두 핵심적인 요소가 담겨 있습니다. 초대교회의 예배는 언어와 제의, 즉 설교와 성례식세례와 성만찬이 잘 조화된 예배입니다. 그러하기에 말씀과 성례는 어떤 형태를 이루든지 간에 예배에서 빠질 수 없는 요소입니다. **그렇다면 이것은 예배에서 말씀과 성례를 제외한 모든 양식과 순서에 있어서 충분히 자유할 수 있음을 반증하는 것입니다.**

초대교회에서는 성찬식이 행해졌다. 초대교회에서는 설교와 함께 성찬식이 정기적으로 치러졌음은 조금도 의심할 여지가 없다. 우리는 이 사실을 사도행전 2장뿐 아니라 다른 성경에서도 확인할 수 있다. 성경뿐 아니라 초대교회 시대의 기록들도 이 점을 증거하고 있다. …… 바울이 고린도전서 10장과 11장에 그토록 성찬식의 중요성에 대해 강조했다. …… 칼빈은 성찬식이라는 것은 말씀이 선포되는 현장이라면 언제나 그 말씀과 함께 행해져야 한다고 생각했다. (중략)

사도행전 2장은 지금 우리에게 모범적인 예배의 형태를 보여 준다. 초대교회 성도들은 정기적으로 모여서 사도의 설교와 가르침을 듣고 성찬을 받았으며 성도 간의 교제에 참여하고 함께 공동체로서의 기도를 드렸다. 부활하신 그리스도와 연합하는 정기적인 성찬은 무엇보다 초대교회 공동체를 규정하는 핵심적인 내용이었다. …… 이런 사실을 규범의 예로 여기면 예배를 말씀 사역과 성례 집전이라는 두 가지를 중심으로 구성할 수 있다. 그 외 예배 속의 모든 의식은 하나님께서 허락하신 이 두 가지의 은혜의 수단에 직접적으로 연결되며 이 은혜의 수단이 더 잘 드러나도록 보조하는 역할을 하는 것이다.

– 마이클 호튼의 『그리스도 없는 기독교』 중에서

초대교회 이후에 말씀과 성례라는 두 가지 요소를 제외하고는 예배의 모든 순서에는 수많은 갱신들이 일어났고, 하나님께 경배하고 그분의 은혜를 받고 나누는 예배의 방식에는 여러 가지 것들이 추가되고 삭제되는 과정이 일어났습니다.

마틴 루터Martin Luther는 종교개혁 시대에 카톨릭 예배에서 성직자만의 전유물인 성경을 자국어로 바꾸어서 설교하였습니다. 그러면서 전설, 신화들이 난무한 예배 언어와 형식들을 없애고 오직 설교만을 강화하였습니다. 또한, 루터는 찬송가를 예배 중에 추가하여 본인이 직접 37편의 찬송을 쓰기도 하였습니다. 스위스 종교개혁자인 울리히 쯔빙글리Ulrich Zwingli는 오직 말씀과 설교를 강조하였습니다. 그래서 예배 중에 부르는 음악은 말씀과 설교에 방해가 된다고 생각하여 교회에서 찬송도 부르지 못하게 하고, 성가대도 없애고, 오르간도 없애버렸습니다. 오직 말씀과 성례의식 두 가지 외에는 모든 것을 밀어내어버린 것입니다. 존 칼빈John Calvin 역시 대부분의 종교개혁자와 같이 설교와 성례를 예배의 중심 요소로 보고 그것에 집중하였습니다. 그중 특별한 것은 시편송을 예배에 도입하였던 것입니다. 이 시편송은 인간이 만든 가사가 아니라 하나님의 말씀인 시편으로 찬송을 부르는 것이기에, 찬송을 한다면 이 시편송이 합당하다고 여긴 것입니다. 칼빈은 예배 순서의 규정화된 형식을 고집하지 않았고, 예배의식의 변형도 허용하였습니다.

예배 형식의 전통에 대한 건전한 재해석이 필요합니다. 또한 형식의 변화가 필요하다 할지라도 반드시 말씀 선포와 성례식은 강조되어야 하며, 그 외에는 자유로워야 합니다.

그렇다면 예배 순서에 묵상기도, 사도신경, 특별 찬양 등 다양한 순서가 있지만, 그것은 있어도 되고 없어도 됩니다. 예배 중에 우리 교회에서는 이것이 필요하다 여기면 하면 되고, 지금 이것이 필요하지 않다면 하지 않아도 됩니다.

제가 어릴 때만 해도 교회 안에서 예배 중에 기타를 연주한다는 것은 생각할 수도 없었고, 드럼은 사탄의 악기라고 이야기하는 어르신들도 있었습니다. 그러나 지금은 거의 대부분의 교회들이 기타와 드럼을 가지고 찬양을 드리고 있습니다. 이것은 교회 전통에 따라 있어도 되고 없어도 되는 것이기 때문에, 왜 이것을 우리가 예배 중에 사용해야 되는지를 분명하게 생각하면 됩니다.

그렇다면 예배의 참된 형식이란 무엇입니까? **말씀과 성례 외에 모든 순서는 '형제 사랑'이라는 차원에서 우리 교회 공동체가 필요하다고 여겨지면, 교회의 지도자가 확인하여 시행하면 됩니다. 반대로, 우리 교회에 어떤 예배 순서가 '형제 사랑'의 기준에서 예배드리는 데 별 도움이 되지 않는다고 여겨지면, 그 순서를 빼면 됩니다.**

예를 들어, 교회에 성도가 별로 되지 않아 앉아있는 회중보다 성가대 인원이 더 많다면, 그것은 조금 이상하지 않습니까? 그럴 경우, 교회의 성도의 숫자가 어느 정도 채워질 때까지 잠시 성가대를 다른 형태로 작게 조직하여 찬양을 드려도 괜찮다는 것입니다. 그러나 교회 지도자가 성도가 적어도 성가대를 너무 중요하다 여기면, 좀 무리를 해서라도 성가대를 만들어 운영하면 되는 것입니다. 중요한 것은, 성가대가 있고 없고를 결정하는 것에 있어서 공동체가 '형제 사랑'의 기준으로 예배를 더 잘 드릴 수 있다고 판단했느냐 하는 것입니다. 그런 작업 없이 예배에는 원래 무조건 성가대가 있어야 되고, 성가대가 없는 것은 예배도 아니라고 주장하는 것은 잘못입니다. 그와 반대로, 성가대는 초대교회에는 없었기 때문에 필요 없는 조직이라거나 구약시대의 잔재라고 여겨 비판하는 것도 문제입니다.

성가대뿐만 아니라 말씀과 성례를 제외한 모든 것은 똑같습니다. 어느 교회는 공예배 시간에 가스펠송워십송을 부르지 않는다고 하면서 그것을 부르는 교회보다 자기 교회가 더 경건하다고 말합니다. 반대로, 자기 교회는 주일 낮 예배 시간에도 가스펠송을 부르기 때문에 고리타분한 교회가 아니라고, 개혁적인 교회라고 여기면서 그렇지 않은 교회를 비판합니다. 둘 다 아닙니다. 참 자유는 지금 함께 예배드리는 공동체가 찬양을 잘 드릴 수 있도록 '형제 사랑'의 눈으로 결정하는 것입니다. 성령의 인도하심으로 그것을 할 수도 있고, 하지 않을 수도 있습니다.

묵상기도도, 사도신경도, 폐회송도, 그 외 모든 것이 다 마찬가지입니다. 교회의 모든 예배 순서뿐만 아니라 교회에서 이루어지는 모든 행사는 '형제 사랑'이라는 기준으로 할 수도 있고, 하지 않을 수도 있습니다. 교회 지도자들이 이것을 성령의 인도하심에 따라 기도하는 마음으로 결정하여 시행하면 되고, 모든 성도들은 그 결정에 감사함으로 순종하면 됩니다.

더 높은 차원의 하나님사랑, 이웃사랑
_술과 담배, 바울처럼 하라

이같이 너희가 형제에게 죄를 지어 그 약한 양심을 상하게 하는 것이 곧 그리스도에게 죄를 짓는 것이니라 그러므로 만일 음식이 내 형제를 실족하게 한다면 나는 영원히 고기를 먹지 아니하여 내 형제를 실족하지 않게 하리라 고전8:12~13

자신의 언어와 행동에 있어서 형제에게 걸림이 되는 것이 있다면 그것을 그만두어야 한다고 바울은 말씀합니다롬14:13. 사실 어떤 음식이든지 모든 것은 하나님께서 주셨기 때문에 감사함으로 먹으면 전혀 문제가 될 것이 없습니다딤전4:3. 그 당시 고린도 지역에서 유통되는 모든 육고기는 이방신에게 먼저 드려진 제사 음식이었습니다. 그래서 그리스도인들은 시장에 가서 고기를 살 때마다 제사 음식일까 아닐까에 촉각을 세웠고, 함부로 고기를 먹는 자들을 향해 부정한 음식을 먹는다고 정죄하였습니다. 이때 바울은 모든 음식은 근본적으로 하나님께로부터 나왔기에 아무런 문제가 없다고 여겼습니다. 그런데 여전히 율법에 매여서 음식에 대해 자유하지 못한 형제들이 있었습니다. **만약 약한 양심을 가진 형제가 다른 형제들이 자유하면서 제사 음식을 먹는 모습을 보고 시험에 들거나 실족하게 된다면, 바울 자신은 평생 고기를 입에도 대지 않겠다고 말합니다. 이것이 성숙한 자유함입니다.**

바울이 제시한 이런 관점에서 성도들은 모든 문제를 바라보아야 합

니다. 여기에서 담배와 술에 관하여 간략하게 살펴보겠습니다.

담배에 관하여

19세기 미국의 대부흥을 이끌었던 무디D. L. Ryther Moody 목사님이 하루는 영국에 집회를 하러 갔다가 평소 깊이 존경하던 스펄전C. H. Spurgeon 목사님을 뵙고 싶어 집으로 찾아가게 되었습니다. 두근거리는 마음으로 노크를 하자 흠모하던 스펄전 목사님이 나왔는데 놀랍게도 입에 담배 파이프를 물고 나오는 것이었습니다. 무디는 깜짝 놀라 "아니 어떻게 그리스도인이 담배를 피웁니까?"라고 하자, 스펄전은 미소와 함께 다소 비만한 체형인 무디의 뱃살을 보면서 이렇게 말했습니다. "그리스도인이 이렇게 배가 나와서 쓰나!"

이 재미난 일화의 배경은 이러합니다. 미국의 보수교단은 술, 담배를 죄악시한 반면, 영국을 비롯한 유럽은 그것들을 특별히 정죄하지 않는 편이었습니다. 도리어 미국에서 문제 삼지 않는 식탐을 유럽에서는 죄악시 여기는 분위기였습니다. 그래서 스펄전 목사는 무디 목사의 비만을, 무디 목사는 스펄전 목사의 담배를 지적했던 것입니다.

이런 맥락으로 볼 때, 한국에서 인기 많은 집필가인 영국인 C. S. 루이스C. S. lewis를 비롯해서 애연가愛煙家 그리스도인들이 유럽에 왜 그렇게 많이 있는지 이해할 수 있습니다.

한국교회의 청교도적 성격을 강조하는 이들은 한국교회에서 처음부터 금주, 금연을 강조한 것처럼 말하지만 사실은 그렇지 않다. 한국교회 초기에 관한 기록을 보면 성탄절이 되면 술을 빚어서 교인들이 함께 나누어 마신 일이 있었고, 예배당에 들어올 때 신발장 옆에 담뱃대를 정렬해 두었다가 예배가 폐하면 예배당 마당에서 함께 담배를 피웠다는 기록이 있다. 또 장로교회 첫 선교사인 언더우드H. G. Underwood는 한때 흡연을 했던 것으로 알려져 있다.

— 이상규의 『한국교회 역사와 신학』 중에서

사실, 담배에 대한 부분은 성경에 직접적인 언급은 없습니다. 단지 담배는 자신과 타인의 건강에 절대적으로 나쁜 것이기 때문에 하나님께서 주신 귀한 육체를 혹사하는 경우로 보고 한국율법으로 금하고 있는 실정입니다.

술에 관하여

이스라엘 지역에서 포도주는 일상적인 음료 문화 중에 일부입니다. 어떤 사람은 이스라엘에서 음료로 먹는 포도주와 술로 먹는 포도주가 따로 되어 있다고 주장하지만, 그것은 전혀 근거 없는 말입니다. 그래서 그 땅에 살고 계셨던 예수님도 자연스럽게 매일 포도주를 음식과 함께 드셨습니다. 물이 귀하고 몸속의 당분이 많이 필요한 그곳에서는 포도주를 물처럼 마셨습니다.

먼저 우리는 구약과 신약의 여러 구절을 통해 포도주가 얼마나 중

립적인 의미를 가졌는지를 살펴보아야 합니다. 성경에서 포도주술에 대한 부분을 긍정적으로 표현한 구절을 살펴봅시다.

너는 가서 기쁨으로 네 음식물을 먹고 즐거운 마음으로 네 포도주를 마실지어다 이는 하나님이 네가 하는 일들을 벌써 기쁘게 받으셨음이니라전9:7

사람의 마음을 기쁘게 하는 포도주와 사람의 얼굴을 윤택하게 하는 기름과 사람의 마음을 힘있게 하는 양식을 주셨도다시104:15

포도주를 마심으로 인해서 자신의 삶의 즐거움을 표현하고 누리는 모습을 하나님께서는 인정하십니다. 그래서 '포도'는 구약시대에 '기쁨'이라는 단어와 대부분 연관되어 나옵니다. 바울 또한 포도주에 대해서 금지하지 않는 것을 찾아볼 수 있습니다.

이제부터는 물만 마시지 말고 네 위장과 자주 나는 병을 위하여는 포도주를 조금씩 쓰라딤전5:23

1885년 10월, 조선에서 최초의 개신교 예배가 드려졌습니다. 그때 참석했던 선교사들은 아펜젤러Henry Gerhard Appenzelle 부부, 스크랜턴 William Benton Scranton 부부, 언더우드Horace Grant Underwood, 알렌Horace Newton Allen 부부였습니다. 그런데 이들은 예배 후에 기념 파티를 가졌는데, 그 자리에서 서로 술을 따라 건배하고 마셨습니다. 이것이 알렌의 일기에 기록되어 있습니다.

독일에 가게 된다면 마틴 루터가 종교개혁을 일으킨 도시인 비텐베르크Wittenberg를 가 보시길 바랍니다. 그곳에 가면 루터의 구체적인 활동을 볼 수 있는 흔적들이 아직도 남아 있습니다. 루터가 오랫동안 살던 집이 있고, 그곳에는 그의 설교집 등이 전시되어 있습니다. 그곳에서 기념엽서도 팔고 있는데, 엽서에는 이런 글이 적혀 있습니다. "맥주를 많이 마시는 사람은 잠을 잘 잔다. 잘 자는 사람은 죄를 짓지 않는다." 마틴 루터가 한 말이라고 합니다. 사실 루터는 집에서 맥주를 담가서 마셨고, 하루에 2리터씩이나 마실 때가 많았다고 합니다. 그리고 지금도 독일에 가면 루터 부인의 이름을 따서 '카타리나 맥주'가 판매되고 있습니다.

그렇다고 해서 성경에서 포도주나 술에 대해 긍정적으로만 말씀하고 있는 것은 아닙니다. **이번에는 포도주술에 대해서 부정적으로 표현한 말씀을 봅시다.**

포도주는 거만하게 하는 것이요 독주는 떠들게 하는 것이라 이에
미혹되는 자마다 지혜가 없느니라잠20:1

술 취하지 말라 이는 방탕한 것이니 오직 성령으로 충만함을 받으
라엡5:18

술을 즐기지 아니하며 구타하지 아니하며 오직 관용하며 다투지 아니하며 돈을 사랑하지 아니하며딤전3:3

말씀을 보면 술에 취하지 말라는 표현이 많이 나옵니다. 술을 먹게 되면 취하는 것에서 절대 자유롭지 못합니다. 그래서 술 취함으로 인해 파생되는 많은 죄악된 모습 때문에 술을 마시는 부분을 절대적 긍정으로 표현하고 있지는 않습니다. 지금껏 담배와 술에 대한 다양한 이야기들을 풀어 놓았습니다.

그런데 이 한국율법을 이해하는 데 있어 중요한 것은 한국 기독교에서 금연, 금주가 어떻게 시작되었느냐를 아는 것입니다. 이것은 한반도에 온 선교사들이 한국을 점점 알아가면서 한국 사람들의 음주 문화가 잘못되었다는 것을 깨닫게 되면서부터입니다.

한국의 술 문화는 선교사들이 가지고 있었던 문화처럼 술을 음미하면서 마시는 것이 아니라, 대부분 막걸리를 들이부어 취할 때까지 마신다는 것이었습니다. 선교사들이 이를 알게 되었습니다. 그래서 건강뿐만 아니라 재산까지 탕진하는 경우가 비일비재하다는 것도 알게 되었습니다. 심지어 술을 마시고 교회에 와서도 난리를 치고 야단법석을 부리니까, 아펜젤러는 「죠선 그리스도인 회보」에 '계주론'이라는 글을 통해 금주와 금연을 주장하기 시작했습니다. 이때부터 한국교회에서 금주, 금연이 생긴 것입니다.

금주와 금연이라는 한국율법은 선교사들이 한국의 성도들을 사랑하여서 그들이 하나님을 더 잘 섬기도록 도와주려 한 것이 발단이 되

어 만들어졌습니다. 많은 교회는 한국율법에 따라 술, 담배를 금하고 있습니다. 그리고 한국의 불신자들은 예수 믿는 사람은 술과 담배를 하지 않는 것으로 여기고 있습니다. 이것이 중요합니다.

바울은 형제에게 걸림이 되는 것이 있다면 그것을 그만두어야 한다고 주장했습니다. 제사 음식에 대해서 바울은 자유했습니다. 하지만 그 당시 모두가 다 아는 사실은 그 음식이 제사를 드린 고기 음식이라는 것입니다. 그래서 대부분의 사람들은 그리스도인이 제사 음식을 먹는다는 것을 이해하지 못하는 상황이었습니다.

이런 상황에서, 바울은 형제 사랑이라는 더 큰 원칙을 위해 평생 고기를 먹지 않겠다고 고백한 것입니다. **똑같습니다. 그 당시 제사 음식을 먹지 않는 것이 불신자든, 신자든 상관없이 다들 그렇게 생각하는 문화인 것처럼, 지금 술과 담배도 한국에서 동일한 상황에 놓여 있습니다. 그러하기에 우리가 진정 그리스도인이라면 바울처럼 마땅히 술과 담배를 하지 않겠다고 결단해야 합니다.** 누구를 위해서입니까? 불신자와 신자 둘 다를 위해서입니다. 자신의 자유로운 행동 때문에 한 사람이라도 상처나 시험에 드는 것은 무서운 일이라고 생각하는 성숙함이 있어야 합니다.

어느 날 스펄전이 한 가게 앞을 지나다가 아주 충격적인 광고를 보았습니다. 가게 유리창에 '스펄전의 담배'라는 문구와 함께 담배를 선전하는 광고였습니다. 사람들은 스펄전이 주님을 전하는 사람인 것에 주목한 것이 아니라, 유명한 목사가 담배를 피운다는 사실을 기억했던 것이었습니다. 그것을 담배 회사에서 광고로 사용하고 있었던 것이었습니다.

그 광고를 본 후 스펄전은 자신의 고집스러운 습관이 이렇게 많은 사람들에게 좋지 않은 영향력을 끼치는 것을 알고 바로 금연할 것을 결심하였습니다.

스펄전Charles Haddon Spurgeon은 담배를 즐겨 피웠던 애연가였습니다. 담배를 피우면서 글쓰기를 좋아했습니다. 그런데 자신의 담배 피우는 모습이 다른 사람들에게 시험거리가 된다고 여겨진 순간, 바울이 평생 고기를 입에 대지 않은 것처럼 스펄전 자신도 이후 평생 담배를 입에 대지 않게 되었습니다. 이것이 하나님께서 원하시는 신앙의 수준입니다.

이런 맥락에서 본다면, 저도 마찬가지입니다. 제가 소속된 교단은 술과 담배를 금하고 있습니다. 저는 한국교회의 목사이고, 제가 소속된 교단에서 안수 받은 목사입니다. 이것보다 더 중요한 것은, 아직도 술, 담배를 하는 목사를 보면 성도들뿐만 아니라 불신자들까지도 이해하지 못해 이상하게 보는 것이 한국 땅의 현실이라는 사실입니다. 그래서 그들을 위해 저는 술, 담배를 하지 않고 있으며, 앞으로도 하지 않을 것입니다.

Chapter 7

두 얼굴의 성도들

이원론의 뿌리

뿌리 하나. 다르게 해석된 구원관(시간적 이원론에서 공간적 이원론으로)

뿌리 둘. 성경에서 풍기는 이원론적 이미지

뿌리 셋. 이원론을 부추기는 한국 유교사상

뿌리 넷. 인간의 죄성

이원론적 삶의 현상들

돈

시간

장소

일상

교인과 국민

일_교역자(敎役者)와 세역자(世役者)

일원론적 삶

그리스도인의 삶의 구조

성(聖)과 속(俗)에 대한 성경적인 바른 개념

기독교인들에게 "성경공부 하는 것과 밥하는 것 중에 어느 것이 더 영적인 일입니까?"라고 물으면 '성경공부!'라고 대답할 사람이 더 많을 것입니다. "사업하는 것과 선교하는 것 중에 어느 것이 더 거룩한 일입니까?"라고 물으면 많은 사람들은 '선교!'라고 대답할 것입니다. 혹, 청년 때 열심히 신앙생활하고 교회 봉사를 했다면 이런 이야기를 가끔씩 들었을 것입니다. "형제님! 형제님은 신학교에 가야 될 것 같습니다!" "자매님! 자매님은 딱 사모감이네요."

이런 이야기들은 우리에게 내재되어 있는 이원론적 의식을 잘 드러내는 부분이라고 생각합니다.

만약 여러분이 설교만 믿고 제자훈련을 안 하면 성도들을 이원론의 희생자로 만들 것입니다. …… 교회에서 주일 30분 설교로는 마음에 감동은 줄 수 있을지 모르지만 변화를 기대할 수는 없습니다. 선교 단체도 마찬가지입니다. 그들이 노력해 온 만큼 사회에 영향력을 끼치지 못했던 원인이 모두 이원론에 있다고 볼 수 있습니다. 모든 훈련이 사역자 후보생에게 맞추어지다 보니 나머지 학생들은 아무것도 준비하지 못하고 나가게 되고 사역자가 되지 못한 미련과 죄책감에 사로잡혀 평생을 살게 됩니다. 교회와 선교 단체가 패배자를 길러내는 것입니다.

- 옥한흠 목사의 '신학생 세미나' 강의에서

이원론은 한국 기독교와 성도의 개인 신앙생활에 심각한 문제를 일으키며, 이런 이원론적인 삶으로 인해 결국은 하나님나라 사람으로서 성숙되지 못하는 결과를 초래하게 되었습니다.

C. S. 루이스는 "이원론이야말로 기독교 다음으로 용감하고 그럴듯한 신조이다"라는 말을 남겼습니다. 그만큼 이원론의 논리가 그럴듯할 뿐만 아니라, 그 영향력이 강력하기 때문입니다. 동서양을 막론하고 영적인 문제의 대부분이 이 이원론에서 나온 것이라고 할 만큼 이원론적 의식이 기독교에 부정적으로 미친 파장은 크다고 볼 수 있습니다.

현재적 하나님나라를 사는 그리스도인들은 세상나라에서 갈등과 긴장상태로 살 수밖에 없습니다. 그런데 **이런 긴장상태에서 세상과 싸움을 한다는 것이 쉬운 일이 아니기에, 그 싸움을 회피하기 위해 성도가 쉽게 빠지는 유혹이 있습니다. 그 유혹 가운데 가장 대표적인 것이 바로 이원론적인 삶입니다.**

이원론의 뿌리

그러므로 형제들아 내가 하나님의 모든 자비하심으로 너희를 권
하노니 너희 몸을 하나님이 기뻐하시는 거룩한 산 제물로 드리라
이는 너희가 드릴 영적 예배니라 너희는 이 세대를 본받지 말고
오직 마음을 새롭게 함으로 변화를 받아 하나님의 선하시고 기뻐
하시고 온전하신 뜻이 무엇인지 분별하도록 하라롬12:1~2

뿌리 하나. 다르게 해석된 구원관시간적 이원론에서 공간적 이원론

당시 지중해 무역의 중심지였던 국제도시 고린도에 세워진 고린도
교회는 왜곡된 신앙과 다양한 문제가 있었던 대표적인 교회였습니다.
고린도교회는 문란한 성도덕, 우상숭배, 분파주의, 세속주의, 금욕주
의 등 지금의 한국교회에서 흔히 볼 수 있는 문제들을 다 가지고 있었
습니다. 그런데 이런 고린도교회 문제의 근본적인 뿌리는 바로 이원론
적인 신앙관이었습니다.

바울은 구약에서 말하는 히브리적 시각으로 구원을 설명하면서 하
나님나라를 전하였습니다. 즉, 바울은 구원 전과 구원 후의 시간적 이
원론히브리적 시각으로 설명하였는데, 고린도교회 교인들은 그들이 가진

공간적 이원론헬라적 시각으로 복음을 받아들인 것입니다. 그로 인해 **고린도교회는 구원받은 영혼과 남겨진 육체를 분리하여 생각하기 시작하였고,** 이 잘못된 이원론적 인식으로 인해 그리스도인의 이원론적 삶이 시작되었습니다.

이것은 공간적 이원론으로 구원 후의 삶을 두 부분으로 나누어 생각하는 것입니다. 구원받은 영혼과 구원과는 아무 상관없는 육체를 분리시키면서 영혼은 중요하고 남겨진 육체는 쓸모없는 것으로 취급하게 되었습니다. 중요한 영혼의 세계는 보이지 않지만 본질이며 실체이고, 쓸모없는 육체와 보이는 물질은 모조품의 세계라고 생각하였습니다. 그래서 영혼은 구원받았으니 이미 다 된 것이고, 지금 쓸모없는 육체가 사는 가짜인 물질세계는 아무런 의미 없는 것이 되었습니다.

이 잘못된 이원론은 초대교회 성도로 하여금 장차 갈 천국에 영혼의 구원이 보장되었다는 믿음만 있게 하고, 지금 살아가는 여기의 삶에 대한 관심은 전혀 없는 방종의 생활을 하게끔 만들어 버렸습니다. 그래서 고린도교회 교인들은 심지어 불신자보다 못한 이중적인 삶의 이원론적 생활을 하게 되었습니다.

> 그래서 고린도교회 교인들은 자신들의 구원을 영혼이 육신을 벗어나 하늘의 축복된 삶을 현재 완전히 획득하는 것으로 보고 …… 세속주의자들은 우상의 신전에서 벌어지는 잔치에 우상숭배자들과 함께 참여하고 우상에 바쳐졌던 고기를 먹는 자유를 만끽했습니다고전 8~10장. 그들은 그들의 영혼이 벌써 하늘의 구원을 얻

었으므로 그들의 몸으로는 무슨 짓을 해도 괜찮다고 생각했습니다. 그리하여 그들은 이방인 시절의 문란한 성생활을 계속했을 뿐 아니라, 심지어 문란한 고린도의 이방인들조차 할 수 없는 짓까지 하게 된 것입니다고전5:1~11; 6:12. 이런 세속주의자들이 고린도 교회에서 다수를 형성하고 있었거나 목소리 큰 자들이었던 것 같습니다. 이들은 대개 헬라 그리스도인들이었던 것 같습니다. (중략)

그러나 그들과는 반대로 극단의 금욕주의 경향을 나타내는 자들도 있었습니다. 금욕주의자들은 육은 중요하지 않고 영혼만 중요하며 구원받은 것이라고 보고, 그들 영혼의 구원을 지키기 위해서 육신에 얽매이는 것을 피해야 한다고 생각하였습니다. 그래서 그들은 결혼을 삼가고고전 7장, 시장에서 살 수 있는 고기 먹기를 꺼려했습니다고전 8~10장.

이 '세속주의자들'과 '금욕주의자들' 사이에 갈등이 발생하는 것은 불가피한 일이었습니다. 전자는 그들의 지혜와 지식과 자유를 자랑하고 후자를 '약한 자들'이라고 멸시했으며, 후자는 전자를 육신적인 방탕자들이라고 비판하고 영적 교만을 품고 있었습니다.

- 김세윤의 『고린도전서 강해』 중에서

고린도교회의 잘못된 이원론은, 우리의 영혼은 구원받았으니까 육체는 어떻게 해도 상관없다고 생각하게끔 만들었습니다. 세속주의자와 금욕주의자 이들 모두는 육체를 속되다고 보는 똑같은 원리에서 나왔습니다. 그래서 세속주의 교인들은 자신의 육체에 대해서 아무런 제재 없이 무한한 자유를 주어서 성적인 문란과 우상 제물을 무분별하게 즐기며 먹었습니다. 다른 한편, 금욕주의자들은 육체가 원하는 것을 철저하게 막았는데, 결혼을 금지하고, 부부간의 성관계도 금하고, 시장에 있는 모든 음식도 먹지 않았습니다. 그래서 고린도교회 교인들의 행태는 영혼의 영역에서는 그리스도인이고, 물질적인 영역에서는 불신자와 똑같은 세속주의자가 되거나 금욕주의자가 되는 꼴이었습니다.

여기에서 파생된 것이 성聖과 속俗의 개념입니다. 즉, 영은 거룩하고, 육은 속되다는 개념이 생겨나게 되었고, 이것이 점점 확대되고 세분화되어 교회 일은 거룩하고, 교회 밖의 일은 속된 것으로 인식하기 시작하였습니다.

뿌리 둘. 성경에서 풍기는 이원론적 이미지

성경에는 상당히 많은 부분에서 반대되는 개념이 쌍을 이루어 이원론을 지지하는 것처럼 보입니다. 믿음과 행위, 은혜와 율법, 영과 육과 같이 대립적이고 상반된 개념들이 많습니다. 그런데 성경에서 말하는 본 의도를 망각하고 왜곡되게 표현하여서 이원론적 의식을 형성하는 경우를 교회에서 흔히 볼 수 있습니다.

그러나 이런 상반되어 보이는 개념들은 서로 반대되는 부분이라기보다는 한 가지를 다른 두 측면으로 설명한 것입니다. **상반된 두 개념**

이 서로 보완되고 완충되면서 성경이 말하고자 하는 본 의미를 더 뚜렷하게 보여주는 역할을 하는 것입니다.

예를 들어 로마서에서는 믿음으로만 구원받는다고 주장합니다. 하지만 야고보서에서는 행함이 없는 믿음은 죽은 믿음이라며 행위를 강조합니다. 이것은 믿음과 행위가 서로 반대되고 모순된 것을 표현하는 것이 아니라 온전한 믿음을 설명하기 위함입니다. 그래서 믿음은 행위라는 부분을 제외하고 본다면 제대로 된 참 믿음이라 볼 수 없고, 마찬가지로 행위라는 것도 믿음이 함께 동반되지 않으면 바른 신앙적 행위라고 볼 수 없습니다.

은혜와 율법 역시 함께 가는 것입니다. 우리는 은혜를 자유로 여기고 율법 지키는 것을 매임으로 보지만, 성경은 은혜를 받으면 율법을 지키고자 더 열심을 내게 되고, 나아가 율법을 지키면 더 은혜 속으로 들어가게 된다고 말하고 있습니다. 은혜와 율법은 결코 따로 떼어서 볼 수 없는 것입니다.

이렇듯 **성경에 쓰인 상반되어 보이는 개념은 이원론적인 사고를 만들어내기 위한 것이 아니라, 도리어 바른 일원론적인 사고를 이룰 수 있도록 도와주는 것입니다.**

뿌리 셋. 이원론을 부추기는 한국 유교사상

동양 이원론의 뿌리는 유교사상에서 나왔습니다. 유교사상은 조선

왕조 때부터 뿌리내려서 전해져 왔기에 한국인에게 이원론적인 사고
는 굉장히 깊게 내재되어 있습니다. 유교적인 바탕을 가지고 있는 한
국에 기독교가 들어오면서 자연스럽게 우리 민족의 성향에 따라 성聖
과 속俗을 나누는 이원론적인 신앙생활이 형성되었습니다.

유교사상에서 나온 성과 속의 이원론은 인간 생활에 우열이 있는
것으로 분리시켰습니다. 소위 물질계라고 말하는 속俗된 것들은 돈 벌
고, 일하고, 밥하고, 빨래하는 것과 같은 육체적인 노동에 해당하는 부
분입니다. 그리고 정신계라고 말하는 성聖의 부분은 지적활동인 예술
행위, 철학, 기도 등으로 볼 수 있습니다. **그래서 유교사상은 우리에게
육체적인 노동보다 정신적인 노동을 더 거룩하고 우등한 것으로 여기
도록 만들었습니다.** 농사를 짓거나 손으로 무엇을 만들거나 상업 행위
를 하는 것 자체를 천하게 여기고, 공부하고 글 쓰고 풍유를 즐기고 제
사나 예식을 행하는 것은 거룩한 것으로 생각하였습니다.

**이런 유교적인 사상이 우리 한국 사람들의 가치관과 생활의 기준이
되어 한국 기독교 안에 비성경적인 사고가 형성되도록 영향을 끼쳤습
니다. 이것이 한국 기독교에 있는 이원론의 뿌리 중의 하나입니다.**

기독교가 이런 유교적인 가치관에 젖어있는 민족에게 들어오면서
그 안에도 시간의 성과 속, 장소의 성과 속, 직업의 성과 속 등의 이원
론적인 개념이 진하게 배어들며 신앙화되었습니다. 결국은 이런 이원
론적 신앙생활이 한국 기독교에 아무런 반성 없이 뿌리를 내리고 쓴
열매를 맺게 되었습니다.

뿌리 넷. 인간의 죄성

교회 안에서 그리스도인답게 사는 것은 세상에서의 삶과 비교하면 쉬운 영역입니다. 아무도 신앙적인 삶을 방해하지 않기 때문입니다. 그러나 교회 밖 세상에서는 상황이 다릅니다. 삶의 현장에서 그리스도인으로 산다는 것은 그렇게 만만하지 않습니다. 그래서 성도는 자신도 모르게 자기를 합리화하기 시작합니다. **교회에서의 생활이 중요한 것이지, 세상에서의 삶은 교회만큼 중요하지 않다는 것입니다. 이것이 사탄이 우리에게 주는 유혹입니다.**

우리는 다 죄인이기에 교회 밖 세상에서의 힘든 싸움을 포기하고 싶은 유혹에 쉽게 빠집니다. 그래서 교회 안과 밖을 구분하여 이원론적인 삶을 만들어냅니다. 이것은 하나님께서 만들고 다스리시는 모든 장소와 시간을 우리 스스로 성과 속으로 구분하여 제한하고 기피하는 것입니다.

저는 93년도에 운전면허증을 받았습니다. 제가 운전을 배울 때만 하더라도 학원에서 도로연수를 하는 경우는 드물었습니다. 그래서 대부분이 한가한 외곽 도로변이나 학교 운동장에서 도로연수를 하였습니다.

운전면허증을 딴 후, 저도 학교 운동장에서 도로연수를 가끔씩 했었습니다. 그 넓은 운동장에서 차를 모는데, 아무런 장애물이 없으니까 그냥 쌩쌩 달릴 수 있었습니다. 무려 시속 50~60km로

달렸습니다. 좌로 갔다가 우로 갔다가, 전진했다가 후진했다가, 그 넓은 운동장에서 깜빡이를 넣으면서 오른쪽으로 틀고 왼쪽으로 틀며 정말 편하고 재미있게 했습니다.

운동장에서 며칠을 이렇게 하니 운전이 별로 어렵지 않게 느껴졌습니다. 그래서 겁도 없이 처음으로 혼자서 부산 시내로 들어갔습니다. 흔히들 한국에서 가장 운전하기 힘든 곳이 부산 시내라고 말합니다. 하지만 저는 운동장에서 연습을 많이 했기에 자신이 있었습니다. 그런데 현실은 완전히 달랐습니다. 그 시내에서 얼마나 고생했는지 모릅니다.

운동장에서는 내 생각대로 다 되었습니다. 그런데 시내에서는 뒤에서 "빵" 한번 하는 순간 그냥 머리 안이 하얘지더니 깜박이고 뭐고 아무 생각이 없어져 버렸습니다. 앞에서는 추월하고, 뒤에서는 빵빵거리고, 나중에는 빨간불에 가야 하는지 파란불에 가야 하는지 그것조차 헷갈리게 되어 버렸습니다.

저의 진짜 운전 실력은 어디에서 드러나게 됩니까? '운동장'이 아니라 '시내'였습니다. 아무런 장애물이 없는 운동장에서 운전할 때는 그것이 진짜 제 실력이 아니었습니다. 복잡한 시내에 들어갔을 때 진짜 실력이 여지없이 드러났습니다. 저는 제 운전 실력을 많은 차들이 다니고, 신호가 있고, 여러 가지 변하는 장애물들이 있는 복잡한 시내에서 확인할 수 있었습니다.

우리의 신앙생활도 꼭 이와 같습니다. 교회에서 신앙생활을 하는 것은 마치 운동장에서 차를 모는 것과 같습니다. **그런데 진짜 나의 믿음을 알 수 있는 곳은 '운동장 같은 교회'가 아니라 '시내 같은 세상'입니다. 진짜 믿음은, 진짜 신앙의 실력은 세상에서 알 수 있습니다.** 세상에서 다 드러나게 되어 있습니다.

우리의 영적인 실력은 자신의 삶의 현장에서 나옵니다. 부부관계에서, 친구관계에서, 직장이나 사업장, 학교 등에서 말입니다. 그런데 우리의 죄성은 이런 어려운 세상에서 그리스도인으로서 살기를 포기하도록 합니다. 그리고 그보다 상대적으로 쉬운 교회 안이나 성도들과의 관계에서만 그리스도인이 되고 싶게 유혹합니다. **교회와 세상을 구분하여 이원론적인 신앙생활을 하고자 하는 유혹을 이겨내야만 바른 성도로서 온전히 자라갈 수 있습니다.**

이원론적인 삶의 현상들

오직 너희를 부르신 거룩한 이처럼 너희도 모든 행실에 거룩한 자
가 되라 기록되었으되 내가 거룩하니 너희도 거룩할지어다 하셨
느니라벧전1:15~16

성도에게는 이 세상의 어떤 곳도 하나님의 다스림이 미치지 않는
부분이 없습니다. 그러하기에 우리는 모든 영역에서 주님께 순종하며
말씀대로 살아야 하는 책임이 있습니다.

그러나 **한국교회 교인들 중에 다수는 삶의 어떤 한 영역만이 하나
님과 관련된 거룩한 영역이고 다른 영역은 세속적인 영역이라고 생각
합니다.** 이렇게 한국 교회 안에 팽배해져 있는 이원론적 의식은 우리
의 신앙을 좀먹고 있으며, 세상에서 나약한 그리스도인으로 살 수밖에
없도록 만들고 있습니다.

돈

이원론적인 신앙관을 가진 그리스도인들에게 '돈'의 의미는 어떤
것일까요?

우리는 교회에서 헌금 생활, 특히 십일조에 대해서는 귀가 따갑게 들었습니다. 십일조의 의미는 무엇입니까? 내가 가진 10/10 모든 돈이 다 하나님의 것임을 인정하는 고백적 행위입니다. 다시 말해, 그 1/10을 하나님께 드림으로써 이 모든 돈이 주님의 것이며, 나머지 9/10도 주님의 뜻대로 사용하겠다는 고백이며 다짐인 것입니다.

그런데 문제는 십일조를 온전하게 드려야 된다는 교육과 강조는 늘 받았지만, 나머지 9/10를 사용하는 부분에 대해서는 교육을 전혀 받지 못했습니다. 그로 인해 자연스럽게 교회의 헌금은 성스러운 것이고, 나머지 내가 쓰는 모든 돈은 속된 것이라는 막연한 생각에 사로잡히게 되었습니다.

그래서 어떻게 합니까? 특히 우리 신앙의 선배들은, 주일날 헌금과 십일조로 드리는 돈은 거룩한 것이라 여겨 은행에서 새것으로 준비하는 분도 있었고, 구겨진 지폐를 빳빳하게 다리미질을 하여 내는 분도 있었습니다. 지극정성으로 준비하여 헌금하였습니다. 이런 것은 분명 젊은 세대 교인들이 본받을 만한 신앙적인 행동입니다. 하지만 그것이 전부인 경우가 너무 많았습니다. 헌금을 한 후에 나머지 돈은 자기가 원하는 대로 아무 생각 없이 사용했습니다. 어떤 사람은 돈을 아껴서 한 푼도 쓰지 않고 저축이나 보험에 다 쓰는 분도 있습니다. 어떤 사람은 낭비벽이 심해 그날 기분대로 규모 없이 써 버립니다. 이것은 우리가 헌금 외에 나머지 돈을 어떻게 사용하는지를 배운 적이 없기 때문입니다.

그래서 **성도들은 돈에 대해서 두 가지 모습으로 이원화가 됩니다.**

하나는, 돈을 사용함에 있어서 십일조 외 나머지 9/10는 다 속되고 부정한 것이라 여겨 헌금하는 일에 더 많은 애를 씁니다. 그래서 십일조를 넘어 십이조, 십삼조, 십사조……, 이렇게 많이 하는 것이 목표가 되어버리는 것입니다. 그렇게 헌금을 더 많이 하는 것은 신앙의 좋은 표현이겠지만, 그것은 헌금 외에 자신과 가정을 위해 쓰는 돈은 다 부정하고 거룩하지 않은 것이라 여기는 이원론적 의식에 불과합니다.

또 다른 이원화의 모습은 십일조 외에 다른 모든 돈은 속되기 때문에 아무렇게나 사용해도 된다고 생각하는 것입니다. 자기의 욕심과 생각대로 사용하는 것입니다. 이렇게 되면 돈이 자신의 하나님이 됩니다. 결국 돈의 다스림을 받게 되고, 돈이 자신의 주인이 되어 버립니다.

이런 식의 돈에 대한 이원론적인 의식은 결국 성도를 두 극단으로 나가게 합니다. 한 가지는, 교회에 더 많은 금액을 헌금하는 데에만 신경을 쏟고 헌금 액수 늘리기에 온 열심을 다하는 것입니다. 또 한 가지는, 십일조와 기본적인 헌금 외에는 자기가 원하는 대로 마음껏 사용하는 것입니다.

결론을 말씀드리자면, 이 둘 모두 잘못되었다는 것입니다. 잘못된 것을 바로 고쳐 이원론에 젖은 삶을 일원론의 삶으로 바꾼다면, 십일조를 드린 것처럼 나머지 9/10의 돈도 자신의 것으로 여기지 않고 하나님의 것으로 여겨 사용하게 됩니다. 나머지 돈으로 저축하는 것, 가족의 의식주를 위해 사용하는 것, 여가생활을 위해 쓰는 것, 남을 위해서 사용하는 것 등 매 순간 하나님께 여쭈며 기도하는 마음으로 규모 있게 사용한다면, 그것도 주님께 영광 돌리는 거룩한 것이 됩니다. 그래서 교회에 헌금하는 돈도 거룩한 것이오. 헌금 외에 나머지 돈도 하나님께서 원하시는 뜻대로 사용할 거룩한 것입니다.

시간

그러면, 이원론적인 삶을 사는 그리스도인들은 '시간'에 대해 어떤 생각을 가지고 있을까요?

기독교에서 가장 중요한 대표적인 날은 주일이라고 볼 수 있습니다. 주일을 지키는 '주일 성수'는 십일조와 마찬가지로 주일을 '주의 날'이라 정하여서 특별히 구별하여 지키는 의식입니다. 주일 성수의 의미는, 월요일부터 토요일까지 모든 날이 주의 날이지만, 특히 주일을 구별하여 지킴으로 나머지 6일도 하나님의 다스림을 받으며 순종하면서 살겠다는 다짐입니다.

그런데 **한국 교인은 '주일 성수'를 어떻게 해야 되는지는 늘 말씀으로 배우고 훈련받았지만, '6일 성수'**^{필자 용어}**에 대해서는 상대적으로 교육이 적었습니다.** 그래서 6일 동안 있을 직장과 학교와 가정에서의 삶에 대해서는 제대로 교육을 받지 못하였습니다. **사실 불신자들과의 만남은 주일보다는 6일 동안의 삶인데도 불구하고, 우리는 이 부분에 대해 제대로 교육도 받지 못했고, 별로 중요하게 여기지 않아 점검하지도 않았습니다.**

아직도 이런 모습을 가끔씩 볼 수 있지만, 예전에 우리 믿음의 선배들은 주일을 지키기 위해서 자신의 기득권을 포기하는 경우가 많았습니다. 주일날 국가고시가 있으면, 그 시험을 위해 몇 년을 준비했더라도 포기하였습니다. 주일에 출근하라고 하면, 직장을 그만두는 일이 있더라도 그날을 지켰습니다. 저도 고등학생 때 월요일에 시험이 있어도 주일만은 공부를 하지 않았습니다. 이렇게 철저하게 주일을 지키는 모습들이 있었습니다. 그러나 주일 외에 나머지 6일의 시간을 어떻게 보내야 하는지, 어떻게 하나님의 다스림을 받으며 살아야 되는지를 잘 모르는 경우가 많았습니다.

이러다보니 시간 사용 부분에서도 성도는 이원론적 의식을 가지고 두 극단으로 나뉘게 됩니다.

하나는, 주일은 거룩한 날이고 나머지 6일은 세상에 있는 속되고 의미 없는 날이라고 생각하는 것입니다. 그래서 **한국 기독교인들은 6일을 속되다 생각하여서 나머지 6일을 '성일聖日처럼'이 아니라 '주일날 하는 것처럼' 생활하는 것입니다. '6일 성수'가 아니라 '6일 주일'이 됩니다.** 6일 동안을 하루 종일 예배, 성경읽기, 기도, 봉사에만 매달리게 됩니다. 매일 주일처럼 교회에 옵니다. 그래서 6일 동안 하나님의 다스림을 받으며 주일날 받았던 말씀대로 사는 일상적 적용은 없고, 다만 늘 앉아서 성경 보고, 앉아서 기도하고, 교회 일을 하는 것입니다. 이런 것을 영적 싸움이라고 오해하고 있습니다. 이것은 절대 성경적인 원리가 아니며, 주님께서 원하시는 성도의 삶도 아닙니다. 물론 말씀, 기도, 봉사는 해야 됩니다. 그것은 필요하고 중요합니다. 그런데 그 말씀과 기도를 하는 이유가 무엇입니까? 6일 동안 세상에서 불신자들에게 성도로서 어떻게 사는지를 보여 주려고 하는 것 아닙니까?

또 다른 한 가지 이원론적인 시간 사용은, 주일을 성수했으니 나머지 6일 동안의 시간은 자기 시간이라고 여기는 것입니다. 그래서 6일 동안 생활하는 모든 시간을 자기가 하고 싶은 대로, 자신의 본성이 이끄는 대로 삽니다. 하나님이 이 시간에 무엇을 하길 원하시는지, 자신이 얼마나 6일 동안 말씀대로 살면서 성숙되어야 되는지, 자신의 건강과 여가시간을 성경적으로 어떻게 잘 사용해야 하는지는 생각하지 않습니다.

이 모든 현상은 결국 주일은 거룩하고 나머지 6일은 속되다는 이원론적인 가치관에 익숙해져 있기 때문입니다. 주일과 6일의 삶은 똑같이 주님 앞에서 거룩한 날입니다. 하루하루가 주님의 날들이며, 주님께 영광 돌리면서 살아야 합니다. 그래서 **주일이 성도들과 하나님나라를 이루어 가는 날이라면, 6일은 불신자들 가운데서 하나님나라를 이루어 가는 날입니다.** 이것이 시간을 일원론적으로 사는 하나님나라 사람들의 올바르고도 진정한 모습입니다.

장소

장소와 관련한 이원론적 의식은 교회와 교회 밖세상을 구분하는 것입니다. 예수 그리스도께서 이 땅에 초림하여 십자가를 지심으로 인해서 현재적 하나님나라가 임하였습니다. 그래서 **세상나라의 가치관과**

사탄의 활동이 크게 보일지라도 여전히 이 세상은 하나님나라이며 하나님께서 통치하고 다스리시는 곳입니다. 그래서 교회뿐만 아니라 교회 밖 세상도 모두 다 거룩한 곳입니다.

그런데 우리는 너무나도 자연스럽게 교회 안과 교회 밖 세상을 성과 속으로 구분하여 행동하며 생활합니다. 교회 강단에 휴지를 버리신 적이 있습니까? 혹 침을 뱉은 적이 있습니까? 만약 그렇게 했다면 하루 종일 찝찝하여 회개해야지만 마음이 편해집니다. 그렇지 않으면 일도 손에 잡히지 않고 잠도 제대로 자질 못합니다. 그런데 그런 성도가 길거리에 휴지를 버렸거나 침을 뱉었어도 그렇게 했을까요? 짐작컨대, 그렇지 않은 사람이 훨씬 더 많을 것입니다.

이 모든 것이 장소에 대한 이원론적 의식에서 나온 것이라 볼 수 있습니다. 교회는 거룩하고 교회 밖은 속되다는 것입니다. 이런 생각이 은연중에 우리에게 깊이 스며들어 있기 때문에 이중적인 삶을 살아도 그것이 그렇게 이상하지 않게 여겨집니다.

모든 장소가 하나님이 계신 곳이며, 주님의 다스림을 받는 곳입니다. **교회든 세상이든 어느 곳에 있든지 모든 것을 주님 앞에서 하는 '코람데오'**하나님 앞에서**의 모습이 있어야 합니다.** 이것이 주님의 자녀답게 하나님을 닮아가는 모습입니다.

일상

내게 주어진 모든 일들은 주님께서 주신 거룩한 것입니다. 이것은 우리의 일상에서 가장 많이 누려야 되는 것들입니다.

범사에 감사하라 이것이 그리스도 예수 안에서 너희를 향하신 하나님의 뜻이니라 살전5:18

하나님께서는 '일상인 범사'에 감사하라고 말씀하십니다. 이 범사는 주님께서 주신 선물이고, 우리에게 주신 복이기 때문입니다.

그런데 이 범사가 우리에게는 어디까지입니까? **이 범사의 범위를 깨야만 우린 정말 범사에 감사할 수 있습니다. 범사는 사소한 우리의 일상을 다 포함합니다.** 음악을 듣는 것, 버스를 타는 것, 책을 읽는 것, 영화를 보는 것, 문자를 보내는 것, 인터넷을 하는 것, 청소를 하는 것, 기저귀를 갈고 젖을 먹이는 것, 데이트를 하는 것, 공부를 하는 것, 잠자는 것, 쉬는 것, 운동을 하는 것 등. **이 모든 우리의 사소한 일상이 다 주님께 거룩한 것입니다.**

그런데 우린 이런 것들을 누리지도, 감사하지도 못하며 살아왔습니다. 그러면서 우린 다른 감사 제목을 찾는 데 시간을 다 보내고 있습니다. 구체적으로 말하자면, 지금 설거지를 하고 있다면 그것 자체를 누리고 감사해야 되는데, 설거지 하면서 다른 감사거리를 찾고 있는 것입니다. 지금 기저귀를 갈면서 아기의 엉덩이의 촉감, 그 아이와의 정서적 교감, 그 향긋한? 똥 냄새를 맡는 후감을 통해 아기를 키우는 엄마로서의 감사거리를 누려야 하는데, 다른 감사거리를 찾는 것입니다. 이러한 생각이 우리의 일상의 감사를 빼앗아 갑니다.

이러한 의미에서 보면 '설거지 할 때조차도 기도한다'는 일부 헌신된 그리스도인의 말이 굉장히 깊은 신앙심을 보여 주는 것 같지만, 실은 설거지 하는 동안 머릿속을 다른 기도제목으로 꽉 채우는 것보다는 설거지 그 자체를 주께 하듯 하는 것이 더 깊은 기도요, 더 깊은 영성의 발로가 아닌가 싶다. …… 컴퓨터 앞에 앉아 채팅을 할 때도 마찬가지로, 채팅도 '온 맘 다해' 해 보라. 나는 채팅조차도 진지 모드로 일관해야 된다고 보는 엄숙주의자가 아니다. 다만 습관처럼 내뱉고 장난처럼 읽어 넘기는 말 한 마디 한 마디를 '깨어서' 들어 보라는 것이다. 깃털처럼 가볍고 유쾌한 대화 속에 묻어 있는 상대의 진심, 상대의 공허함 같은 것이 느껴질 것이다.

- 박총의 『욕쟁이 예수』 중에서

이 글에서처럼 우리는 설거지를 하는 그 행위 자체에서 하나님의 은혜를 맛볼 수 있는가 생각해 보아야 합니다. 우리는 설거지할 때에 그 설거지라는 일상에서 누릴 수 있는 행복을 누려야 합니다. 그래야 범사에 감사가 됩니다. 설거지 또한 거룩한 것입니다. 그러나 이런 부분을 놓치면, 설거지하는 것을 거룩하다고 생각지 못하기에 그 시간에 다른 거룩한 행위말씀 암송, 기도 등를 찾게 됩니다.

왜 우리는 이런 것을 놓쳐 버리고, 또 감사하지 못할까요? 그것은 사탄의 속임 때문입니다. 우리의 범사를 한정 지어버리고 얕은 수준의 감사에 머무르게 하려는 속임수입니다. **특별한 종교적인 행위에만 반응하고, 그것에만 눈을 돌리는 잘못된 습관들이 일상의 기쁨과 은혜를 다 가져가 버렸습니다.** 주님께서는 일상에서도 영광 받길 바라십니다. 이처럼 일상을 거룩하다고 여기는 생각은 성도가 일원론적인 가치관으로 사는 데 큰 역할을 합니다.

교인과 국민

어떤 교회에서 새로 뽑힐 대통령을 위해서 한 달이 넘게 기도하였습니다. 소위 릴레이 기도라는 것을 하면서 기도의 줄을 끊지 않고, 하나님께서 세우실 대한민국의 대통령을 위해 기도했습니다. 대통령 선거가 무사히 마칠 수 있도록, 불미스러운 일이 없도록 기도하였습니다.

그런데 대통령 선거 당일 그 교회에서는 일일 수련회를 가는 것입니다. 도착 장소까지 거리가 멀어서 새벽 일찍 모여서 출발하게 되었고, 수련회는 하루 종일 쉼 없이 진행되었습니다. 결론적으로, 그 수련회에 참석한 교인들은 한 사람도 투표에 참여하지 못했던 것입니다.

이게 무슨 희한한 일입니까? 기도할 당시에는 선거를 위해 기도하지 않는 교인들을 두고는 마치 나라를 사랑하지 않는 사람처럼 취급한 교회였습니다. 그런데 선거 당일 투표하지 않은 것에 대해서는 별 문제로 삼지 않았던 것입니다. 대통령 선거를 위한 '기도'도 중요거룩합니다. 하지만 그 기도 못지않게 그날 그리스도인들이 '투표'하는 것도 중요거룩한 것입니다. 이런 웃지 못 할 일들이 바로 이원론적인 발상에서 나온 것입니다.

대한민국의 국민에게는 여섯 가지 의무가 있습니다. 납세의 의무, 국방의 의무, 교육의 의무, 근로의 의무, 환경 보전의 의무, 재산권행사의 공공복리의 의무입니다. 국민의 의무에 대한 성실한 이행이 교인으로서 해야 될 중요한 일이기도 합니다.

전 이런 성도를 많이 만나보았습니다. 소위 신앙이 좋다는 사람들에게 자주 일어나는 일입니다. 십일조는 십 원까지도 정확하게 내려고 온 맘과 정성을 드리는데, 납세의 의무는 대충인 것입니다. 정확한 납세의 의무를 다하지 않고 자기의 편의에 맞게 불법으로 행하는 모습이 우리 그리스도인들에게 얼마나 많은지 모릅니다. 단기선교는 1년, 2년 가고자 헌신하는 청년이 국방의 의무인 군대는 의도적으로 면제를 받으려고 편법을 쓰거나 좀 더 편하고 안전한 곳으로 가려고 애를 쓰는 모습도 볼 수 있습니다.

이런 **이원론적인 가치관에 의해 교회를 위해서는 최선을 다하면서도 국가를 위해서는 자기 편의대로 하는 것이 우리 그리스도인들이 자주 범하는 죄입니다. 교회와 국가는 모두 다 주의 것입니다.** 주님께서 우리를 교회의 한 구성원으로 세우셨듯이, 대한민국이라는 국가의 한 구성원으로도 세우셨습니다. 우리에게는 둘 다 거룩합니다. 그러하기에 하나님나라의 원리가 운행되도록 힘쓰고 애써야 되는 의무가 있습니다. 우리는 교회와 국가 모두가 하나님의 다스림을 받도록 성경적인 원리로 살아가야 합니다.

일_교역자教役者와 세역자世役者

그러나 너희는 택하신 족속이요 왕 같은 제사장들이요 거룩한 나
라요 그의 소유가 된 백성이니 이는 너희를 어두운 데서 불러 내
어 그의 기이한 빛에 들어가게 하신 이의 아름다운 덕을 선포하게
하려 하심이라벧전2:9

위의 말씀에 모든 성도를 하나님께서 왕 같은 제사장으로, 거룩한 나라로, 소유된 백성으로 삼으셨다고 합니다. 특히 모든 성도는 왕 같은 제사장으로서 자신의 모든 직업에서 제사장의 역할을 감당하는 거룩한 자들이라고 합니다. 그래서 모든 직업에는 성과 속이 존재하지 않습니다.

그런데 **한국 기독교인이 이원론적인 삶을 사는 가장 큰 이유는 자신의 일직업에 대해서 성과 속을 구분하는 것 때문입니다. 그중에서도 가장 큰 문제를 일으키는 것이 거룩한 직업인 '성직聖職'에 대한 오해입니다.** 교회에서 사역하는 교역자들의 직업을 성직이라고 생각하고, 나머지 교회 밖의 세상에서 일하는 직업은 성직이라 여기지 않습니다. 세상에서의 직업을 단지 세상을 살아가는 데 의식주 문제를 해결하기

위한 도구 정도로 여깁니다. 그러나 **주님께서 그 사람을 불러 사명을 맡기셨다면 그 모든 일이 다 거룩한 직업으로써 성직입니다. 그래서 세상의 모든 직업은 악한 범죄를 하는 것 외에는 다 성직입니다.**

그렇다면 목사도 직업으로 볼 수 있습니다. 어떤 성도는 목사를 직업이라고 말하면 삯꾼이라 오해할지 모르지만, 모든 직업이 성직이라는 의식이 있으면 이 부분은 전혀 어색하지 않게 됩니다. 어떻게 보면, 목사를 직업으로 여기는 것에 과민반응을 한다는 것 자체가 목사를 제외한 다른 모든 직업은 목사라는 직업보다 속되다고 여기는 이원론적인 생각에 빠져있음을 반증한다고 볼 수 있습니다.

성직에 대한 부분에서 잠깐 살펴보아야 되는 것은 '평신도'라는 개념입니다. 한국 기독교에서는 아직도 대부분의 성도들이 '성직자와 평신도'라는 구분을 가지고 있습니다. 그런데 평신도라는 말은 틀렸습니다. 왜냐하면 평신도平信徒: 평범한 성도라는 말은 '특신도特信徒: 특별한 성도'의 반대 의미로 사용되고 있기 때문에 전혀 성경적이지 못합니다. 평신도라는 용어는 교역자가 아니기에 좀 덜 거룩해도 괜찮고, 하나님을 섬기는데 하나님께서 원하시는 기준이 교역자보다 낮다는 생각이 들게 합니다.

그래서 세상의 직업을 가지고 구분한다면, 저는 이 용어가 한국 기독교에 꼭 재정립되어야 된다고 생각합니다. **그것은 바로 교역자**教役者**와 세역자**世役者: 필자 용어**입니다. 교역자는 교회 일을 성직으로 여겨서 일하는 사람이고, 세역자는 교회 일 외에 세상 일을 성직으로 여겨서 일하는 사람입니다.** 여기에서 교역자는 목사, 감독, 강도사, 전도사, 선교사, 교회 직원 등이고, 세역자는 세상의 모든 직업인, 주부와 학생까지 포함하는 것입니다. 그래서 **교역자는 교회 안에서 거룩을 위해 사역을 하고, 세역자는 세상의 일터에서 거룩을 위해 사역합니다.**

지금 교회에서 하는 많은 성경공부와 제자훈련들이 성도를 세상에서 살아가는 세역자로 만들기보다는, 다들 교회에 필요한 '준準 교역자'로 만든 꼴이 되었습니다. 교회에서 일 잘하는 교회 사역 전문가로 만들어 버렸습니다. 그래서 제자훈련이 마치 교회 일을 더 신속, 정확, 효과적으로 할 수 있는 영적인 특수부대를 만드는 장이 되어버렸습니다. 그래서 평신도 제자훈련은 세상에서 그리스도인답게 살아가는 세역자로 만드는 부분에서 어느 정도는 실패하였다고 볼 수 있습니다.

지금 한국교회에는 교역자와 세역자가 있는 것이 아니라, 교역자와 준 교역자가 있을 뿐입니다. 준 교역자들은 세역자로서 세상 속 자신의 일터에서 하나님나라를 이루며 그곳에서 피 흘리기까지 싸우는 본질적인 싸움을 하고 있지 않습니다. 그래서 결국은 교회에서 싸우기 시작합니다.

원래 세역자는 세상에서 온 힘을 다해 영적인 싸움을 하기 때문에 교회에 오면 충전 받고, 새 힘을 얻고, 공급을 받아야만 합니다. 그런데 세역자가 세상에서 하나님께 영광 돌리는 본질적인 거룩의 싸움을 하지 않으니, 교회에서 그 남은 힘을 쓰려고 합니다. 교회에서 세역자가 교역자의 일까지 다 하려는 겁니다. 그렇게 되면 사공이 많아지기에 교회라는 배는 산으로 가게 됩니다. 그래서 교회에서 자신이 주인 노릇을 하려고 힘쓰려는 세역자들 때문에 많은 문제들이 생깁니다. 이런 세역자들은 세상에서는 아무 말 못하는 힘없고 무기력한 양처럼 지내다가, 교회 안에서는 모든 것을 다 할 수 있을 것 같이 큰소리치며 사자같이 생활합니다.

교회 일은 교역자가 하는 것이 성경적입니다. 그런데 세역자가 세상에서 자신의 사명을 포기하듯 교역자가 교회 일에는 관심이 없이 세상의 일에 관심과 힘을 쏟기 시작하면, 교회는 혼란에 빠지고 문제가 일어납니다.

결론적으로 교역자는 교회 일을 성직으로 여겨 그 일에 최선과 열심을 다하여 교회의 거룩을 지켜나가고, 세역자는 그 교회에서 영적으로 공급받아 세상에서 자신의 직업을 성직으로 여겨 최선과 열심을 다해 거룩을 위해 싸워나가면 됩니다.

교회 일과 세상 일은 똑같이 거룩한 것입니다. 목사가 설교를 하는 것과 세역자인 성도가 공장의 생산라인에서 제품을 만드는 것은 똑같이 거룩하고 성스러운 일입니다. 목사가 교인들을 위해 설교를 준비하는 것과 주부가 가족을 위해 식사를 준비하는 것은 똑같이 거룩하고 하나님께 영광을 돌리는 것입니다. 교회에서 청소하는 것과 집에서 청소하는 것은 주님 보시기에 똑같은 것입니다. 교회에서 봉사하는 것과 학교에서 공부하는 것은 똑같이 거룩한 사명입니다.

물론 세역자인 성도들도 교회 일에 열심과 최선을 다해야 합니다. 성도가 교회 안에서 변화되어야 될 영역도 많기 때문입니다. 그래서 세역자는 교회에서 맡겨진 일에 열심을 다하며 최선과 열정을 쏟아야 합니다. **하지만 그것은 자신이 맡은 분량만큼 하면 됩니다. 그리고 세**

역자는 교회보다 세상에서 주어진 일에 더 많은 시간과 열정을 쏟아야 합니다. 그렇게 할 때, 비로소 세상이 거룩해지기 때문입니다.

일원론적 삶

무슨 일을 하든지 마음을 다하여 주께 하듯 하고 사람에게 하듯 하지 말라 이는 기업의 상을 주께 받을 줄 아나니 너희는 주 그리스도를 섬기느니라골3:23~24

세상나라에 사는 그리스도인의 삶의 구조

하나님나라의 일과 세상나라의 일은 상반되는 구조를 가지고 있습니다. 하나님나라의 일을 영의 일, 하늘의 것이라 보고, 세상나라의 일교회 밖의 일을 말하는 것이 아님을 육신의 일, 땅의 것으로 볼 수 있습니다. **하나님나라의 일의 목적은 하나님께 영광 돌리는 것이고, 세상나라의 일의 목적은 자신에게 영광을 돌리는 것입니다**롬8:5~6; 골3:2.

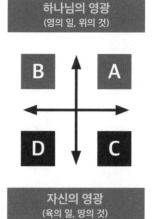

<그리스도인의 삶의 구조표>

하나님의 영광
(영의 일, 위의 것)

일상적인
영역

교회사역과
신앙적인
행위와
직접적인
관계가
없는 영역

B　**A**

D　**C**

종교적인
영역

교회사역과
신앙적인
행위와
직접적인
관계가
있는 영역

자신의 영광
(육의 일, 땅의 것)

바람직한 모습A, B

A: 종교적 영역에서 하나님께 영광을 돌리는 그리스도인

e.g) 아벨의 제사창4:1~7, 솔로몬의 일천 번제왕상3:4~15, 세리의 기

도눅18:9~14 등

B: 일상적 영역에서 하나님께 영광을 돌리는 그리스도인

e.g) 이삭의 양보창26:26~28, 요셉의 종살이창39:1~3, 다윗의 골리

앗과의 대결삼상17:45~47 등

바람직하지 못한 모습C, D

C: 종교적 영역에서 자신에게 영광을 돌리는 그리스도인

e.g) 가인의 제사창4:1~7, 나답과 아비후의 제사레10:1~9, 사울의 제

사삼상13:8~15, 바리새인의 기도눅18:9~14 등

D: 일상적 영역에서 자신에게 영광을 돌리는 그리스도인

e.g) 아브라함과 하갈창16:1~4, 사울의 불순종삼상 15장, 히스기야
   왕의 자랑왕하20:12~15

* <그리스도인의 삶의 구조표>는 박종국 목사다운공동체교회의 강의를 참
   조한 것임

위의 <그리스도인의 삶의 구조표>를 보면서 우리는 중요한 원리
를 깨달을 수 있습니다. 예배, 성경, 기도, 헌금, 교회사역 등 이런 종교
적인 영역에서도 A처럼 하나님께 영광을 돌릴 수도 있는가 하면, 같은
일을 하면서도 C처럼 자신이 영광을 취할 수도 있습니다. 이와 똑같은
원리로, 가정, 학교, 직장, 사업 등 이런 일상적인 영역에서도 B처럼 하
나님께 영광을 돌릴 수도 있지만, D처럼 자신이 영광을 취할 수도 있
습니다.

그래서 하나님나라 사람으로서 하나님께 영광을 돌리기 위해서는
우리의 생활에서 영역범위이 중요한 것이 아니라, 어떤 영역이든 자신
의 삶의 현장에서 하나님의 일, 즉 위의 것을 취하고, 거룩을 위해 힘쓰
며, 성경적인 원리로 사는 것입니다.

목회자는 대부분 오른편A, C 의 종교적인 영역에서 일을 합니다. 그
렇다고 모두가 다 하나님께 영광을 돌리거나 하나님의 다스림을 받는
것은 아닙니다. 종교적인 영역에서도 하나님의 통치 안에서 일을 하

고, 영의 것을 추구해야만 A처럼 하나님께 영광을 돌릴 수 있는 헌신적인 목회자가 됩니다. 하지만 종교적인 영역에 있는 목회자라 하더라도 육체의 소욕을 따라 땅의 것을 추구한다면 C처럼 자신의 영광만을 구하는 삯꾼 목자가 되고 맙니다.

직장인이라고 생각해 봅시다. 직장인의 삶은 왼편B, D의 일상적인 영역에 속합니다. 이 부분이 종교적인 영역이 아니라고 해서 모두 자기에게 영광을 돌리거나 사탄의 다스림을 받는다고 생각하는 것은 잘못된 것입니다. 직장 일을 하면서도 하나님의 통치 속에서 일을 하고 영의 것을 추구하면, 그는 하나님께 영광을 돌리는 헌신적인 그리스도인입니다. 하지만 그 직장에서 육체의 소욕을 따르고 땅의 것을 추구한다면, 그는 자신의 영광만을 취하는 세속적인 사람이 됩니다.

말의 영역으로 본다면, 목회자도 강단에서 하나님의 말씀을 전할 수도 있고A, 사람의 말로 설교할 수도 있습니다C. 직장인도 직장에서 성경적인 가치관에 합당한 일상적인 말을 할 수도 있고B, 세상 가치관에 물든 일상적인 말을 할 수도 있습니다D.

성聖과 속俗에 대한 성경적인 바른 개념

이원론을 일으키는 핵심요소 중 하나는 성과 속에 대한 잘못된 개념에서 나오는 것입니다. 한국교회의 대부분 성도들은 속俗에서 성聖으로, 부정함에서 거룩함으로 가는 것을 <그리스도인의 삶의 구조표>

로 본다면 왼쪽에서 오른쪽으로 가는 영역 이동이라고 생각합니다. 일상적인 영역에서 종교적인 영역으로 가는 것이 거룩하게 되는 것이라는 잘못된 생각을 하는 경향이 있습니다.

<왜곡된 거룩의 개념 방향표>영역 이동: 왼쪽에서 오른쪽으로

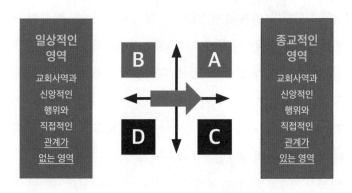

이렇게 성과 속에 대한 바른 개념이 없으면, 그리스도인 직장인은 직장 생활을 최대한 짧게 하고 교회에서 더 많은 시간을 보내야 한다고 여기게 됩니다. 그리스도인 학생은 학교에서 공부하는 것보다 교회에서 뭔가를 하는 것이 거룩한 것이라고 생각합니다. 그리스도인 주부는 집안일보다 교회 봉사를 더 많이 하고, 교회에서 오랫동안 사역하는 것이 더 거룩해지는 것이라고 속게 됩니다. 돈을 사용함에 있어서도 일상생활에서 잘 사용해 하나님께 영광을 돌리기보다는, 더 많은 헌금을 교회에 내는 것에만 관심을 가집니다. 마치 다들 목회자가 되려고 종교적인 행위에만 모든 열심과 정성과 마음을 쏟는 것처럼 보입

니다. 이것이 한국 기독교의 왜곡된 거룩의 개념에서 발생하는 현상들입니다.

그럼, 이와는 반대로 거룩한 성도로서의 삶은 어떤 것입니까?

성경적으로 거룩하게 된다는 것은 아래에서 위로 올라가는 것입니다. 육체의 소욕에 따라 자신의 영광을 취하는 것이 아니라, 하나님의 통치를 받으며 하나님의 영광을 위해서 사는 것입니다. 이것은 나의 삶의 영역과는 상관없이 지금 자신이 있는 그곳에서 하나님나라 가치관대로 거룩하게 사는 것에서 결정됩니다.

<성경적 거룩의 개념 방향표>가치관 이동: 아래에서 위로

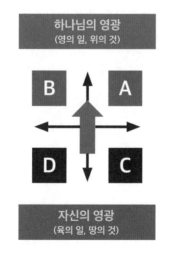

종교적인 영역에서 일하는 목회자라면, 당연히 목회지인 교회에서 하나님나라의 가치관과 성경적인 원리로 목회해야 합니다. 설교도, 훈

런도, 교회 운영도, 이 모든 것이 하나님의 통치를 받도록 해야 합니다. 이것이 목회자의 거룩입니다.

일상적인 영역에서 일하는 그리스도인이라면, 당연히 그 영역 속에서도 하나님나라의 가치관을 따라 살아가야 합니다. 직장인은 직장 생활에서 성경적인 원리로 일하는 게 맞습니다. 만약 공장의 생산라인에서 일한다면, 하나님께서 주신 힘과 은혜로 그 생산라인에서 최선과 열심을 다해 게으름 피우지 않고 일하고, 또 직장동료들과의 관계에서도 사랑과 인내와 섬김으로 대해야 합니다. 주부라면, 가족의 건강을 위해 최선을 다해 음식을 준비해야 합니다. 부모라면, 자녀를 말씀의 원리로 잘 양육해야 합니다. 부부라면, 남편과 아내가 서로 사랑하고 순종해야 합니다. 자녀는 부모를 잘 봉양해야 합니다. 학생은 학교에서 선생님을 존경하고, 친구들과 거룩과 정결을 지키면서 잘 사귀고, 열심히 학업을 감당해야 합니다. 이것이 모든 그리스도인의 거룩입니다.

이처럼 이원론적인 삶에서 벗어난 삶, 곧 성도로서 성도답게 자신에게 주어진 삶의 영역에서 하나님나라의 가치관과 성경적인 원리를 따라 모든 일에서 하나님께 영광을 돌리며 열매 맺는 삶을 사는 것, 이것이 성도의 거룩한 삶입니다. 이런 삶을 사는 성도들, 곧 이 땅의 교회를 통해 하나님께서는 세상을 새롭게 하십니다.

그런 까닭에 우리는, 성속이원론과 같은 세상나라의 가치관의 영향으로 인해 때로는 흔들리고 때로는 넘어지기도 하지만, 그럼에도 불구하고 어떤 상황에서도 하나님나라의 가치관을 굳게 붙들고서 교회로의 부르심에 부응하며 살고자 합니다. 하나님께서 교회를 통해 세상을 새롭게 하실 그날, 곧 하나님나라가 완전히 회복될 그날이 반드시 올 것을 소망하는 마음으로 하나님의 나라와 의를 구하며 하루하루를 삽니다. 이 마음으로 이 땅의 교회를 사랑하고, 또 한국교회의 성도로서 오늘을 삽니다. 그래서 이 말을 꼭 하고 싶습니다.

'나는 한국교회를 다닙니다.'

이 사실이 세상에서 제일 큰 부러움이 되는 그날을 기대합니다.

목사님! 이제 어떻게 살아야 되는지를 알겠습니다!
이 책을 통해 훈련받은 하나님나라 사람들에게 가장 많이 들었던
이야기입니다.

… 이 책을 접한 후에, 남들에게 종종 "기분 좋은 일 있니?", "발걸
음이 가벼워 보인다" 등의 말을 들어요. 하나님이 끊임없이 주시는
기쁨과 감사함이 나의 표정과 발걸음으로 드러나나 봅니다. _박선희

비교의식에 사로잡혀 살던 내 삶에 하나님나라의 달란트의식으
로 나의 낮은 자존감이 살아나는 것을 느꼈습니다. 함께하는 하나
님나라를 기대합니다. _김태완

같은 그리스도인이라도 하나님나라를 알고 살아가는 것과 모르
고 살아가는 것은 엄청난 차이가 있습니다. 바로 지금 이 순간! 내
가 있는 이곳에! 하나님나라가 임한다는 것을 알게 되면서 제 삶
은 완전히 달라졌습니다. 그리고 나를 누르고 있었던 비교의식에
서 달란트의식으로 바뀌면서 날마다 즐거운 삶을 살고 있습니다.
_박소라

교회는 오래 다녔지만 참된 자유를 누리지 못한 채 살았었는데 목사님의 책을 통해 확장된 하나님나라를 알게 되어 자유함을 얻었습니다. 정말 너무 기뻐요. _황미나

하나님나라가 죽어서 가는 천국이 아니라 지금 현재 이 자리에 임하였음을 선포해 주셔서 감사합니다. _변선경

이 책은 내 안에 배어 있는 세상 가치관을 보게 하였고, 그래서 그것과 싸워 하나님나라 가치관으로 살아가는 중요한 꿈을 가지게 되었습니다. _윤진섭

하나님나라의 사람들이 살아가는 방법이 있습니다. 성경에 위배되는 세상에서 주장하는 삶의 방법에 얽매여 그리스도인으로서 늘 갈등과 고민들이 끊이지 않았던 저에게 이 책은 많은 부분에서 자유할 수 있도록 하였습니다. _윤경성

이 책을 통해 하나님나라를 처음 접하게 되었습니다. 하나님나라가 무엇이며 그곳에 사는 우리는 어떻게 살아야 하는지를 알 수 있게 되었습니다. 이 책을 읽는 모든 이들도 이런 일이 있기를 기대합니다. _이혜진

내가 처한 환경이 이해되지 않고 비관만 하고 있었던 나에게, 하나님의 능력을 인정하게 되면서 여전히 변하지 않은 환경임에도 감사하고 기뻐하며 자유할 수 있게 되었습니다. _김주호

25살, 나에게 생각지도 못하게 닥친 몸의 질병, 낙망하고 실족할 수도 있었지만 내가 감사하며 웃을 수 있는 이유는 바로 이 책 속에서 해답을 찾았기 때문입니다. _강경실

하나님나라를 분명히 알고 그것을 실제적으로 체험하는 것이 주님의 자녀인 우리가 해야 할 일임을 알았습니다. 한국의 많은 성도들이 감추인 보화인 하나님나라를 이 책을 통해 체험하게 되실 것입니다. _조지현

최영훈 목사님의 책을 통해 알게 된 하나님나라는 나의 삶을 변화시켰습니다. 훈련받는 내내 하나님나라를 알아가면서 기쁨과 은혜가 넘쳤고, 현장 가운데서 지쳐있던 나에게 웃으면서 일할 수 있는 힘과 답을 주었습니다. _이은빈